U0503685

孙中山故居纪念馆
中山市孙中山研究所 编

总 主 编 萧润君

孙中山与翠亨历史文化丛书

孙 眉 年 谱

编著／黄健敏

文物出版社

总　　序

　　孙中山在翠亨村诞生，并由此走向世界。翠亨村及其附近，中西文化的碰撞与交融产生了这里的特色文化，在中国近现代历史上涌现出以孙中山为杰出代表的一批风云人物，这绝非历史的偶然，这个区域的历史人文值得深入探寻与研究。孙中山故居纪念馆把"孙中山与翠亨"作为业务工作的主要聚焦点，亦是必然。

　　孙中山故居纪念馆从 1956 年成立至今已 50 周年。近年来，本馆围绕"孙中山与翠亨"这一业务工作的主要聚焦点，坚持"保护文物及其环境求发展"的宗旨，坚持"有特色才有生命力"的理念，在文物及其环境保护方面坚持"守旧"——守护价值，在管理理念和手段方面大胆创新。我们建立了以"孙中山及其成长的社会环境"为主题、兼具历史纪念性和民俗性、立体和多元化的陈列展览体系，并以现代管理理念及网络化、数字化、智能化的科技手段，运用现代系统理论和 ISO9001 国际质量管理标准体系和 ISO14001 国际环境管理标准体系实行科学管理。

　　在孙中山故居纪念馆的业务基础上，我们组建了"中山市民俗博物馆"、"中山市孙中山研究所"、"逸仙图书馆"以拓展业务，相关的研究不断取得成果。本馆与相关部门合作建立"广东省社会科学院孙中山研究基地"、"中山大学中国近现代史教学实践基地"，对本馆业务研究工作是一个很大的促进。我们在努力实现本馆科学研究职能的同时，发挥自身的社会教育职能，积极开展普及性的社会教育工作，建设好"全国爱国主义教育示范基地"。我们注意处理好博物馆学术研究与普及教育的关系，注意处理好博物馆业务职能与旅游服务的关系，取得了良好的社会效益、经济效益和环境效益。

　　在本馆把业务工作的主要聚焦点放在"孙中山与翠亨"，以孙中山及其成长的社会环境开展业务与研究的同时，"孙中山与翠亨"的课题也越来越多地受到了孙中山与中国近现代史研究及民俗文化研究学者的关注，一些学者也积极参与其中，开展了相关的调查和研究工作，我们为这些学者们的工作提供了必要的支持和帮助，他们的研究成果也许是"孙中山与翠亨"主题的重要构成或补充。

孙中山故居纪念馆、中山市孙中山研究所以"孙中山与翠亨"为主题，推出系列丛书，推介本馆业务人员和有志参与这方面课题研究的学者的成果，向读者和游客介绍孙中山及其成长的社会环境，向相关的研究者提供参考资料，以此进一步推进孙中山及其成长的社会环境以及孙中山领导的革命运动和相关人物的深入研究，同时也为实现本馆社会教育职能、开展普及性的工作奠定基础。

2006年我们迎来了孙中山故居纪念馆建馆50周年、伟大的孙中山先生诞辰140周年，我们从今年开始推出"孙中山与翠亨历史文化丛书"，有着特殊的纪念意义。今后我们将陆续推出该系列丛书的其他相关资料、文献、图集和著作。

我们不否认我们的进步。但是，我们深知，目前本馆的业务能力和研究水平依然有限。我们希望通过"孙中山与翠亨历史文化丛书"的推出，得到专家、学者以及广大读者的批评和指导，以促进和提高我们的研究水平，进而推动和促进我们其他工作的同步发展。

我们将向着更高的目标不断向前迈进。

孙中山故居纪念馆
中山市孙中山研究所
2006 年 9 月 15 日

孙眉（1854～1915年）

凡　例

一、本书以记述孙眉先生生平活动为主，兼收与此相关的资料。

二、正文中省略孙眉称谓，目文综述时则称孙眉，引文称谓照录。

三、本书纪年用公历（以阿拉伯数字标识），后附阴历（以汉字标识）。民国以后则纯用公历。每年于篇首标明清帝年号或中华民国纪年以及岁次干支。孙眉岁序以足龄计算，即 1854 年为诞生之年，1855 年为一周岁，以此类推。纪事依年月日次序排列，具体日期不详者则根据编者判断置于适当地方，前加"△"标示。某些年份并无相关资料，则任其空白。

四、本书采用纲目体裁，纲目文字力求不重复。

五、本书引用资料，如引用原文，概加引号；记述事件过程，则用综述。本书引用资料原文未加标点或仅断句的，均由编者重加标点。原文有错字、漏字的用〈　〉补正，不另作说明。所据资料第一次引用时详细注明作者、篇名、书名、出版社或收藏地点、版本、页数等详细资料，再次引用时则一般只注明篇名、书名、卷号页码。

六、本书对国家、政府、党派、团体、人名、地名尽量采用正式名称或通用简称，引文则按原状。外国人名、地名采用通用译称，第一次提到时附英文原名，对于同一英文地名引文中有不同翻译的，在翻译后附英文原名。与孙眉有较密切相关的有关人名、地名作简单注释。

目　录

年　谱

1854 年（清咸丰四年　甲寅）　诞生

　　12 月 6 日（十月十七日）　生于广东省香山县①（四大都）翠亨村（今中山市南朗镇翠亨村）。

　　先生姓孙，名眉，字德彰，号寿屏。曾化名黄镇东、刘汉生等。

　　祖上居广东东莞县长沙乡②。五世祖礼瓒公于明代中叶迁居香山县涌口村，十四世祖殿朝公始定居翠亨村③。（翠亨《孙氏家谱》，翠亨孙中山故居纪念馆藏原件。孙满：《序一》，载孙满编修：《翠亨孙

---

① 本书所称的"香山"、"中山"、"珠海"等地名以下历史变化为根据。香山县于南宋绍兴二十二年（1152 年）建县。民国十四年（1925 年）4 月为纪念孙中山先生而改名中山县，所辖范围大概包括今日中山市、珠海市、斗门县的大部分以及番禺、顺德、新会的一些地区。1953 年从原中山县划出部分地区与原属东莞、宝安的若干海岛合并成立珠海县。1965 年又从原中山县、新会县划出部分地区成立斗门县。1983 年中山县撤县建市（县级市），1988 年升格为地级市。（中山市地方志编纂委员会编：《中山市志》，广东人民出版社 1997 年 4 月版，第二编"建置沿革"）

② 翠亨孙氏祖籍有东莞、紫金两说，以目前所见文物、资料及孙氏家族意见，以东莞说较为可靠。有关争论的资料与研究论文参见孙中山故居纪念馆编：《孙中山的家世——资料与研究》，中国大百科全书出版社，2001 年 11 月版。

③ 根据翠亨《孙氏家谱》及有关资料的记载：翠亨孙氏，始祖、二世祖、三世祖、四世祖俱在东莞县长沙乡（今东莞市长安镇上沙管理区）居住。迄至五世祖孙玄（号礼瓒）自东莞上沙迁居香山县涌口村（今中山市南朗镇涌口村）。孙礼瓒生二子，长子孙袼儿，号乐千（乐川）；次子孙袼宗，号乐南。孙乐千分居左埗头村（今中山市南朗镇左步村）。孙乐南仍居涌口村，是为翠亨孙氏六世祖。此后七世祖孙耕隐、八世祖孙怀堂、九世祖孙派源、十世祖孙植尚均居涌口村。清顺治前后，十一世祖孙瑞英自涌口迁居迳仔蓢村（位于今翠亨村西北约 0.5 公里，原村址今已荒废），开荒耕田。十二世祖孙连昌仍居迳仔蓢村。十三世祖孙迥千因土地贫瘠，于乾隆初年迁回涌口村生活。十四世祖孙殿朝又从涌口村迁入邻近迳仔蓢的翠亨村定居繁衍。十五世祖孙恒辉居乡务农。孙眉为翠亨孙氏第十八世。

20世纪20年代翠亨村航拍照片

翠亨村旧貌

翠亨《孙氏家谱》

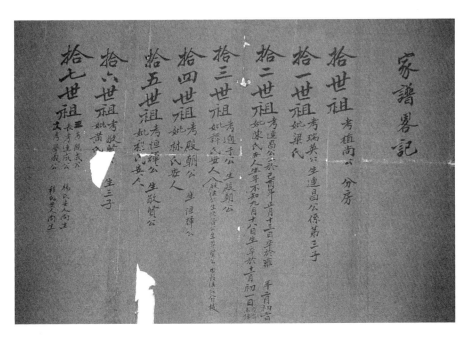

孙眉保存的翠亨孙氏《家谱略记》

氏达成祖家谱》，1998 年编印，第 4 页）

"先人躬耕数代"，(《上李鸿章书》，载广东省社会科学院历史研究室等合编：《孙中山全集》第 1 卷，中华书局 1981 年 8 月版，第 18 页）祖敬贤公①，初薄有田产，后家道中落②。父达成公③，早年以务农为生，后外出谋生，曾在澳门板樟堂街一间葡萄牙人开的鞋店中当鞋匠，1846 年左右回乡与同县隔田乡杨胜辉女儿杨氏结婚，此后一直居乡从事农业劳动。孙眉出生时，家中除父母外，还有祖母黄氏。

翠亨村位于珠江三角洲南部，香山县城之东南。距离县城石岐 29 公里，距离澳门 37 公里；背山濒海，风景优美，然地多沙碛，土质硗劣。(黄彦、李伯新：《孙中山的家庭出身和早期事迹》，调查报告，载黄彦：《孙中山研究与史料编纂》，广东人民出版社 1996 年 10 月版，第 402~403 页）乡人有外出谋生传统，"翠亨之住民，以营农、渔业者为多。在檀香山营农、工、商业者有百余家"。(钟公任采访陆华兴记录，见钟公任：《采访总理幼年事迹初次报告》)

△ 七月，小榄三合会首领卢灵飞、黄庚二等组织红巾军在香山起义。(田明曜主修、陈澧纂：《香山县志》卷二十二"纪事"，清光绪五年刊本)

△ 是年，祖父孙敬贤迁葬翠亨村北犁头尖山南峰土名"皇帝

---

① 孙敬贤（1789~1850），孙眉祖父，以耕种承继的祖田十余亩为生。娶妻黄氏（1792~1869），生子孙达成、孙学成、孙观成。孙敬贤墓在翠亨村犁头尖山土名"皇帝田"阳坡。黄氏墓在翠亨村西南土名"黄草冈"（今中山市革命烈士陵园内）。

② 孙眉胞妹孙妙茜曾忆述祖父因迷信风水，而家境渐窘。见钟公任：《采访总理幼年事迹初次报告》，台北中国国民党中央党史会藏件（类号 030/88）。

③ 孙达成（1813—1888），名观林，字达成，号道川，孙眉父亲。早岁业农，后因家道中落，去澳门当鞋匠谋生。30 多岁回乡结婚，之后留在翠亨村，依靠耕作养家糊口，还兼作村里的更夫，以赚钱帮补家用。墓在翠亨村犁头尖山西南（今中山纪念中学逸仙堂后侧）。夫人杨氏（1828~1910），香山四大都隔田乡启运里（今中山市南朗镇崖口管理区杨家村）人，墓在香港新界西贡飞鹅山百花林。孙达成与夫人杨氏共生下 6 个孩子：孙眉、孙金星（早殇）、孙典（早殇）、孙妙茜、孙中山、孙秋绮。

父亲孙达成（1813～1888年）

母亲杨太夫人（1828～1910年）

田"处，墓前可远眺金星港诸多岛屿，气象壮阔。（孙满口述、祝秀侠笔记：《恭述国父家世源流》，台湾《广东文献》第 12 卷第 4 期）

1855 年（清咸丰五年　乙卯）　一岁

　　四月　香山知县邱才颖调集清兵攻破小榄红巾军大本营，历时 10 个月的农民起义失败。（《香山县志》卷二十二"纪事"）

1856 年（清咸丰六年　丙辰）　二岁

　　△　**夏**，大雨逾月，禾谷朽腐。秋九月，大风损禾。旱，自九月至翌年三月下旬乃雨。（《香山县志》卷二十二"祥异"）

　　△　**秋**，翠亨村重修村庙北极殿，父亲孙达成捐助工金银一圆。（《三修翠亨村祖庙碑记》，翠亨孙中山故居纪念馆馆藏）

　　10 月　第二次鸦片战争爆发。

1857 年（清咸丰七年　丁巳）　三岁

　　△　妹金星生。（《翠亨孙氏达成祖家谱》第 18 页）

1858 年（清咸丰八年　戊午）　四岁

　　△　八月起，香山大旱，至翌年夏末才下雨，旱期长达 10 多个月。（《香山县志》卷二十二"祥异"）

1859 年（清咸丰九年　己未）　五岁

　　△　香山各地，春时恒寒；夏四月酷暑；中秋后旱，连月不雨。（《香山县志》卷二十二"祥异"）

1860 年（清咸丰十年　庚申）　六岁

　　11 月 7 日（九月廿五日）　弟孙典（德佑）生。（《翠亨孙氏达成祖家谱》第 21 页）

　　△　妹金星卒。（《翠亨孙氏达成祖家谱》第 18 页）

1861 年（清咸丰十一年　辛酉）　七岁

　　8 月（七月）　清穆宗（爱新觉罗·载淳）即位，改年号"祺祥"；

十月再改"同治",以明年为同治元年。

1862 年(清同治元年　壬戌)　八岁

　　7 月 27 日(七月初一日)　香山飓风大雨,水暴高至丈余,濒海民居淹没甚多。(《香山县志》卷二十二"祥异")

　　11 月 19 日(九月廿八日)　妻谭氏① 生。(《翠亨孙氏达成祖家谱》第 20 页)

　　△　入学读书。

　　据孙缎回忆"总理长兄眉公九岁② 开学读书。"(简又文:《孙总理少年逸事》,载曹芥初等著:《死虎余腥录》,上海书店出版社 2000 年 6 月版,第 33 页)

　　"德彰幼聪敏好动,读书乡塾时,性颇强悍不羁。"(冯自由:《孙眉公事略》,《革命逸史》第 2 集第 1 页,中华书局 1981 年 7 月版,第 1 页)

1863 年(清同治二年　癸亥)　九岁

　　3 月 14 日(元月廿五日)　妹妙茜③ 生。(《翠亨孙氏达成祖家谱》第 18 页)

---

① 　谭氏(1862~1938),香山县四大都崖口乡(今中山市南朗镇崖口管理区)人,1877 年和孙眉结婚,育有一子孙昌。1917 年在澳门浸信会受洗为基督教徒。1938 年 3 月 6 日在澳门病逝,初葬于澳门西洋坟场,后迁回翠亨村西石门村以西土名"逼虎跳墙"山顶西北角阳坡。

② 　孙缎所说当是虚龄。孙缎(1861~1960),又作"孙殿",孙眉三叔孙观成之女。嫁与茶东村陈秋光为妻,生子陈裕昌、陈铁珊,女陈淑英(1912 年 7 月与孙科在檀香山结婚)、陈碧。

③ 　孙妙茜(1863~1955),孙眉妹妹,排行第四。孙妙茜向史家叙述过不少关于翠亨孙氏家世及孙中山早年事迹的史实,同时保存了有关孙氏家族历史的一批珍贵文物。嫁同县隔田乡启运里杨紫辉为妻。杨紫辉,名帝光,曾在檀香山孙眉处做工,后去台湾做茶叶生意,在外病故,与孙妙茜并无生育,后过继四弟杨礼政之子杨庆聪为子。

妹妹孙妙茜
(1863 ～ 1955 年)

妹妹孙秋绮
(1871 ～ 1912 年)

弟弟孙中山（1866～1925年）

3 月 31 日（二月十三日）   父孙达成与叔孙学成① 联合批耕翠亨孙氏瑞英祖遗下土名"迳仔朗"税山埔一段开荒围园。（《孙达成兄弟批耕山荒合约（清同治二年）》，翠亨孙中山故居纪念馆馆藏原件）

1864 年（清同治三年　甲子）　十岁
3 月 19 日（二月十二日）   父孙达成与叔孙学成、孙观成② 联合批耕翠亨孙氏瑞英祖遗下土名"迳仔朗"税山埔一段开荒围园③。（《孙达成兄弟批耕山荒合约（清同治三年）》，翠亨孙中山故居纪念馆馆藏原件）

7 月（六月）   清军攻陷天京，太平天国起义失败。

9 月 18 日（八月十八日）   二叔孙学成逝世，享年 38 岁。（《列祖生没纪念部》，孙中山故居纪念馆馆藏原件）

△   年渐长，能帮助父亲孙达成从事农业劳动。

1865 年（清同治四年　乙丑）　十一岁

1866 年（清同治五年　丙寅）　十二岁
1 月 17 日（清同治四年　乙丑　十二月初一日）   弟孙典（德佑）卒。（《翠亨孙氏达成祖家谱》第 21 页）
11 月 12 日（十月初六）   弟孙中山生。孙中山，幼名帝象，学名文，字德明，号逸仙。（《列祖生没纪念部》，孙中山故居纪念馆馆藏；陈

---

① 　孙学成（1826～1864），孙眉二叔。早年务农，娶妻程氏，生女妙桃。为谋生，与同乡到美国加州淘金。清咸丰十年（1860）前后回乡，在村西土名"聚宝盆"（原翠亨供销社一带）置田 4 亩。后病死于乡，享年38 岁，葬翠亨西北部迳仔萌山。1931 年夏秋间，孙氏族人将孙学成夫妇坟墓迁到翠亨东北谭家山孙族坟场。
② 　孙观成（1831～1867），孙眉三叔。为谋生，前往上海做工。清咸丰十年（1860）前后回乡。后因家境艰难，再次到上海谋生，后在上海附近船上病死（孙妙茜之孙杨连合回忆，则说孙观成死于美洲），享年 36岁。妻谭氏，崖口人，夫丧后，得孙达成夫妇照顾。孙观成与夫人谭氏育有一女孙殿（又作孙缎）。
③ 　与同治二年十月十三日所立合约内容大致相同，但批耕者增加孙观成。

锡祺主编：《孙中山年谱长编》，中华书局 1991 年 8 月版）

△ 结束学业。

孙妙茜忆述："寿屏读书仅四年。"（罗香林：《国父家世源流考》，重庆商务印书馆，1942 年 12 月版，第 38 页）

1867 年（清同治六年 丁卯） 十三岁

9 月 5 日（八月初八日） 三叔观成去世，享寿 36 岁。（《列祖生没纪念部》，孙中山故居纪念馆藏）

1868 年（清同治七年 戊辰） 十四岁

12 月 31 日（十一月十八日）晨 香山县出现雨雪天气。（《香山县志》卷二十二"祥异"）

1869 年（清同治八年 己巳） 十五岁

10 月 9 日（九月初五日） 祖母黄氏病逝，享寿 78 岁。（《翠亨孙氏达成祖家谱》第 17 页）

到离翠亨 10 余里的南朗墟程名桂[①] 家做长工。（黄彦、李伯新：《孙中山的家庭出身和早期事迹》，调查报告，《孙中山研究和史料编纂》第 407 页）

"孙眉十七八岁[②] 时在南朗程名桂家作奴仆，倒痰盂，下田耕作，

---

① 程名桂（1830～1877），又作"程明桂"，名步蟾，又名植，号芳村，广东香山县四大都安定乡（今中山市南朗镇安定村）人。13 岁因家境困难往香港谋生，在当地洋行工作。17 岁由洋行一位英国人带到檀香山谋生。后和陈芳合资开办"芳植记"糖厂。40 多岁回故乡，花钱谋得官职，为监生、诰授奉政大夫、候选府同知。娶翠亨村陆厚车第二女为妻（陆厚车即陆皓东烈士祖父）。后赴檀香山，又娶一檀香山夷女为妾。（据程道元等修：《南朗程氏族谱》卷 19 第 58 页，1922 年印本；陆仁协等修：《香山隔田河南郡陆氏族谱》，清同治元年抄本。1965 年 10 月 20 日，程名桂曾孙程十里致李伯新函）

② 此处所说的"十七八岁"当为虚龄。孙眉 17 岁时随母舅杨文纳赴檀山谋生，而据黄彦、李伯新的调查报告，孙眉赴檀之前已在程明桂处打工两年。（黄彦、李伯新：《孙中山的家庭出身和早期事迹》，调查报告，《孙中山研究和史料编纂》第 407 页）

什么粗活都干，表现精乖伶俐，得主人欢心。"（1966年2月9日李伯新采访孙炳基记录《孙中山史迹忆访录》，载《中山文史》第38辑，中山市政协文史委员会1996年10月编印，第162页）

　　△　火奴鲁鲁曾举行各种会议，公开讨论契约劳工制度的是非问题。（陈翰笙主编：《华工出国史料汇编》第7辑，中华书局1984年3月版，第234页）

1870年（清同治九年　庚午）　十六岁

1871年（清同治十年　辛未）　十七岁

　　9月1日（七月十七日寅时）　妹秋绮①生。（《翠亨孙氏达成祖家谱》第18页）

　　△　赴檀香山②。

　　"稍长，达成公以乡人多赴夏威夷群岛营工商业，杨夫人之弟文纳③适由檀岛返粤，乃使德彰从其母舅赴檀谋生，借谙世故。"（冯自由：《孙眉公事略》，《革命逸史》第2集，第1页）

　　孙妙茜忆述："总理之兄眉公，因家贫，于十八岁由其自己决定

---

①　孙秋绮（1871～1912），孙眉妹妹，排行第六。与同县西江里村（今中山市南朗镇西江里村）旅美华侨林喜智结婚，生女林耀梅（林耀梅曾作孙中山、宋庆龄的近身随从，照料他们的起居生活）、子林帝镜（又名林镜）。

②　檀香山，即今美国夏威夷，原名夏威仁群岛（Hawaiian Islands），简称Hawaii，位于太平洋。群岛共包括12个主要岛屿：夏威夷（Hawaii）、茂宜（Maui）、奥鸦湖（Oahu）、道威（Kauai）、莫洛鸡（Molokai）、烂尼（Lanai）、呢拷（Nihau）、驾贺拉夷（Kahoolawe）、莫洛坚弥（Molokini）、利富亚（Lehua）、驾乌剌（Kaula）、尼贺亚（Nihoa）。首府名火奴鲁鲁（Honolulu），华侨简称"正埠"或"大埠"。"檀香山"一名的由来，据说因为此地昔产檀香，清嘉庆中叶有当地土人运载檀香到广州贩卖，因此华人便以檀香山称呼这个地方。（《檀香山·地理·名称》，《檀山华侨》第1集"檀香山"，檀山华侨编印社1929年9月印行，第1页）

③　杨文纳，广东香山县四大都隔田乡启运里（今中山市南朗镇崖口管理区杨家村）人，孙眉舅舅，在檀香山经商，经济颇有基础。

出洋。当时往沪、往檀，踌躇未定，卒取决于神而往檀岛。"（钟公任：《采访总理幼年事迹初次报告》）

"1871 年，孙眉随程名桂去檀香山，同行的还有同邑青年郑强①等。临行前，因苦于家贫乏款，由孙学成妻程氏② 将租给孙达成耕种的土地，押出其中两亩余作旅费。"③（黄彦、李伯新：《孙中山的家庭出身和早期事迹》，调查报告，载《孙中山研究与史料编纂》第 407 页）同行者还有孙惠④。孙社正回忆："我父亲孙惠小孙眉二岁，一起

---

① 郑强，中山市三乡镇雍陌村人，檀香山华侨，曾和孙眉合作经营牧场及商店。郑强死后部分产业委托孙眉经营。郑强夫人曾陆续变卖郑家产业资助孙中山的革命活动。（2004 年 4 月 27 日，编者采访郑强外孙林国才、外孙女林瑞英记录）

② 程氏（1836～1912），孙眉二叔孙学成之妻，中山南蓢（即今南朗。下同）人。清同治三年（1864）因丧夫，将田地租给孙达成耕种。清同治九年（1870）将田地作价白银 24 两抵押给村民，资助孙眉赴檀香山谋生。与孙达成夫人杨氏来往颇密，常为幼年孙中山讲述洋人欺负中国人的不平之事。清光绪二十一年（1895）广州起义失败，孙中山一家走避檀香山后，曾一度管理孙中山故居。1912 年冬，病逝于孙中山故居，享年 77 岁。生一女孙妙桃（又作孙桃），适南蓢安定乡程维熙。

③ 孙眉跟随何人出洋一事有多种说法：1）随母舅杨文纳出洋；2）随南朗地主程明桂出洋，同行有郑强夫妇等；3）随同乡郑强的夫人出洋。郑强外孙林国才及外孙女林瑞英回忆，郑强"清朝末期已到檀香山营商，到孙眉 1871 年去檀香山时已薄有资产，在茂宜岛有自己种植的农场，有几间杂货店及其他商店。当时孙眉到檀香山后先在大埠谋生找工作，当时只有 17 岁，又不懂语言，一些同乡便告诉他，大埠找工作很难，你可去茂宜岛找一位中山乡亲郑强，他为人厚道很愿意帮助同乡，这样孙眉便到茂宜岛找我外祖父收留他在农场工作。我外祖父见他为人诚实可靠，便让他做管工，几年后他便做了我外祖父家的总管。"（林国才：《有关我家族和孙中山家族的关系》手稿。2004 年 4 月 30 日采访林国才、林瑞英记录）

④ 孙惠（1859～1928），字德勤，翠亨村孙姓族人，夏威夷华侨。民国初年回乡，生活上曾得到孙中山家族接济。其子孙社正解放后长期管理孙中山家族墓地。（孙社正编：《翠亨敦业堂茂成孙公家谱》，1971 年初修，2003 年重修。）

去檀香山，由涌口门①坐船去的。"（李伯新 1965 年 10 月 4 日采访孙社正记录，《孙中山史迹忆访录》第 117 页）

△ 抵檀之际，夏威夷政府正在鼓励发展农业，种稻最为时尚，而以奥鸦湖（Oahu）②和道威（Kauai）两岛为最盛。许多地方拔起芋头，改种稻谷，以至有几年发生过芋头荒。稻谷也取代了咖啡成为夏威夷第二位物产，而多赖华人来推广。（宋谭秀红、林为栋编著：《兴中会五杰》，台湾侨联出版社，1989 年 9 月版，第 15 页）

△ 到檀香山后，开始时以开垦农业为生。

"抵檀后，由程名桂的伙头带眉公及郑强去找同乡陆成，欲找工作。但陆成不招呼他们。后幸得伙头再带他们往找郑悆，郑安置他们住下，并吩咐人带他们熟悉地方（约五六日），再叫他们在自己菜园工作。做了 11 个月（月薪是 15 元），每月寄 10 元回家。后有一加拿大婆对他们说，如果替她耕田，可得高些工资。于是他们就去她处耕田（地名同胜围）。"（杨连逢 1957 年 5 月采访孙缎记录，《孙中山史迹忆访录》第 166 页）

"大哥（即孙眉——编者按）在开始时就是顺利，他出去就到那浪花所及的海滨上去开垦，就是现在珠港③（Pearl city）所在光荣的地方。他用了两只手一天一天的去耕种那芦苇丛生的湿地，使他〈它〉可以产生百倍的米谷。他在翠亨所学得排水耕田的功夫，到了那时很觉受用了。夏威夷天性良善的土人（火奴鲁鲁④是夏威夷岛的首府）看了很觉得奇怪，因为有中国人耕种后，出产更加丰富，他们知道亦可以享受些利益了。大哥不但顺利，并且因为他的顺利，在他所住的地方，得到全社会的尊敬。"（［美］林百克著、徐植仁译：《孙

---

① 涌口门，地名，距离翠亨村约 12 公里，因坐落于古河涌的出海口而得名。
② 奥鸦湖（Oahu）岛：又称柯湖岛、澳哗湖岛，夏威夷群岛第三大岛，面积约 598 平方英里，位于各岛交通之要冲，为国防重镇，夏威夷首府火奴鲁鲁位于岛之西南。（卓麟等编：《檀山华侨》第 2 集，檀山华侨编印社，1936 年 9 月印行，"檀香山"第 2 页）
③ 珠港（Pearl city），即珍珠埠（珍珠港），奥鸦湖岛上的重要市镇。
④ 火奴鲁鲁（Honolulu），也译作"汉那鲁炉"，华侨常简称作"正埠"或"大埠"，夏威夷首府，位于奥鸦湖岛西南。

逸仙传记》，上海民智书局 1926 年 5 月版，第 85～86 页）

　　△　是年内，到达檀香山的华人共有 223 人。（《1852～1899 中国人到达夏威夷人口统计表》，载 Clarence E. Glick 著，吴燕和、王维兰译：《夏威夷的华裔移民》，台湾正中书局 1985 年版，第 13 页）

1872 年（清同治十一年　壬申）　十八岁

12 月 11 日　夏威夷王架咩霞咩霞（Kamehameha）第五逝世。议会依照宪法，举酋长中之最高级者 William C. Lunalilo 王子为王继任。（《历史·王朝时代》，《檀山华侨》第 1 集 "檀香山" 部分第 7 页）

　　△　致信回乡报平安及描述檀香山的情况。

　　"大哥去了不到一年，他们就接到了他的消息。他很平安地到了火奴鲁鲁，并且很是顺利，他的信里讲着那儿的美景，土地的肥沃，食物的丰富，棕树绕着的海滨，果园与葡萄园的众多，的确是宝藏的群岛。当中山读这信时，很觉得希奇，随读随停。全家的人很是热心的听着，因为那儿没有中国的邮务，要遇了好久的时候，才可接到他的第二封信。两封信的来往，全恃着侨民的往返，替他们携带和交付，这是那时候唯一通信的方法。孙家要差不多等候一年，才可以在金星港① 附近找到一个到火奴鲁鲁去的侨民，他允许把他们的回信带给大哥，孙家找到了这么一个侨民，真是高兴，到底他们能够复大哥的信了。"（《孙逸仙传记》第 83～84 页）

　　△　自本年至 1880 年，在奥鸦湖（Oahu）从事鱼塘及渔业权之购入。（宋谭秀红、林为栋：《孙眉事略新考》，《兴中会五杰》第 18 页）

　　"时夏威夷尚系独立国，为土人君主制，各岛之农工垦殖贸易事业，大部由中日二国人经营之。德彰至檀，初为乡人佣作，旋以舅氏杨文纳之助，自向当地政府领地开垦。"（《孙眉公事略》，《革命逸史》第 2 集第 1 页）

　　孙眉到檀香山后，"先在奥鸦湖岛一家华人菜园工作十一个月，

---

　　①　金星港，陆路距离翠亨村约 15 公里，与翠亨村隔海相望，水路不过数里。在珠江口西岸珠海市唐家半岛和淇澳岛两山夹峙，中有 "金星胆" 小岛，故称金星门，附近一片水域水位较深，风浪较少，适宜停泊船只，清中叶起已有夷船在此停泊。

便转到一个土人的农牧场操作。常有十元廿元寄回家用，一面学习夏威夷土话及管理农场的方法，一面从事积蓄，并与土人结为朋友，设法向政府租地，自行种稻。此举为当时的政府所鼓励，很易获准。地点在奥鸦湖岛上衣哗（Eva）方向，珍珠港以西的位巴湖（Waipahu）附近。"（《兴中会五杰》第 15 页）

1873 年（清同治十二年　癸酉）　十九岁

1874 年（清同治十三年　甲戌）　二十岁

2 月 3 日　夏威夷王 William C. Lunalilo 病逝。卡拉卡瓦（David Kalakaua）被拥戴为王。发生暴动风潮，美国军舰吐士架罗刺号（Tuscarora）运载美兵到檀镇压，平定暴乱。（《海军·美国海军与檀香山之经过》，《檀山华侨》第 1 集 "檀香山" 部分第 7、19 页）

8 月 1 日（六月十九日）　曾作牲畜之买卖，价值达六千元。（《兴中会五杰》第 18 页）

9 月 22 日（八月十二日）　香山飓风成灾，澳门附近海面溺毙万余人。（《孙中山年谱长编》上册，第 15 页）

1875 年　（清光绪元年　乙亥）　二十一岁

△　弟孙中山入村塾读书。村塾设于翠亨村冯氏宗祠。（《孙中山年谱长编》上册，第 17 页）

△　交游渐广，在社区内，薄有声誉。（《兴中会五杰》第 15 页）

1876 年　（清光绪二年　丙子）　二十二岁

△　致信回乡。孙中山因而兴出洋之志。

"这时村里街谈巷议的中心是夏威夷，许多人家的子弟去那儿成了商人或地主，翠亨村不断收到来自夏威夷的家信，说那儿很容易谋生，而且生活比这里好的多。在夏威夷发财的人们中间就有帝象（即孙中山——编者注）的哥哥孙眉。"（陆灿：《我所了解的孙逸仙》，傅伍仪译、季风校，中国和平出版社 1986 年 11 月版第 6 页）

"德彰公之至檀也，为人佣作。旋向当地政府领地开垦；数年后更租得茂宜岛滨海之地，广事畜牧种植，渐致富厚，至是驰书家人，详述岛中政俗之优良、土地之肥沃及所营事业之发展。总理阅之，勃然兴航洋之志。"（中国国民党中央党史史料编纂委员会编印《总理年谱长编初稿》，1932 年 9 月印本第 29 页）

△ 清朝官兵到翠亨村查抄因贩卖劳工到海外而致富的杨姓三兄弟① 家产。清兵还乘机洗劫了翠亨村人杨启垣② 的金银器皿，还封了房舍。（陆天祥口述、李伯新记录：《孙中山先生在翠亨》，1961 年 10 月 14 日，载中国人民政治协商会议广东委员会文史资料研究委员会编：《广东辛亥革命史料》，广东人民出版社 1981 年 7 月版，第 456 页）

△ 夏威夷和美国订立互惠条约。

"由这年起美国人投资于夏威夷蔗糖业者大增，既有大量资金流入，复有广大市场倾销糖产，故糖业旺盛，需用大帮华工入口。"（《兴中会五杰》第 16 页）

△ 有史以来到达夏威夷的中国人超过千人，达到 1 283 人。（《1852～1899 中国人到达夏威夷人口统计表》，《夏威夷的华裔移民》，第 13 页）

---

① 此杨氏三兄弟指的是翠亨村杨启文、杨启操、杨启怀三兄弟，（李伯新 1962 年 5 月 24 日采访杨连合记录，《孙中山史迹忆访录》第 83 页）据说均由"卖猪仔"（即苦力贸易）致富。杨启文（1825～1909），名承光，字启文，号丕谷，清诰授中议大夫，据说当时翠亨村首富；生有十子，长子杨汉川，据说孙中山曾随其学习国学；第十子杨锡宗，为近代著名建筑师。杨启操（1828～1885），名显光，字启操，号耀堂，清诰授朝议大夫；生十一子九女，第四子即"四大寇"之杨鹤龄；第七女嫁吴节薇（吴捷薇），吴节薇为孙中山 1892 年在澳门向镜湖医院借银开办中西药局的"担保还银人"。杨启怀（1831～1874），名俊光，字启怀，号冠千，清诰授奉政大夫，其旧居尚存；生七子六女，长女适会同莫藻泉，为香港太古洋行第二代买办；第四女适南屏陈景华，陈景华为辛亥革命志士，后曾任广东军政府警察厅厅长。（林介眉编：翠亨《杨氏家谱》，1933 年编印，第 30～32 页）

② 杨启垣（1826～1866），名官和，字启元，号胧生，翠亨村人，清诰授奉政大夫。（翠亨《杨氏家谱》第 35 页）其故居"朝议第"（贞义堂）尚保存完好。其子杨贺（1866～?），字礼波，为孙中山先生童年玩伴，檀香山华侨，1912 年 3 月 17 日在檀香山加入同盟会。（杨贺同盟会员证，翠亨孙中山故居纪念馆藏原件）

1877 年　　（清光绪三年　丁丑）　二十三岁

　　△　获檀香山政府允许招募华人到檀开垦农业，在火奴鲁鲁开设移民办事处。

　　"丁丑年（1877）夏威夷政府以德彰经营农牧，成效卓著，特许以多招华人来檀，大兴垦务之权利。"（《孙眉公事略》，《革命逸史》第 2 集，第 1 页）

　　6 月 9 日（四月廿八日）　回家乡翠亨。（杨连逢 1957 年 5 月采访孙缎记录，《孙中山史迹忆访录》第 166 页）

　　杨连逢曾听祖母孙妙茜忆述："有一天，帝象（即孙中山——编者注）正在田野采猪菜，见到有一个人乘坐着轿子，前面又有些挑夫挑着很多行李向村中走来。他好奇地站着看，待行近时又发现每件行李上都写着一个孙字，他看看行李，又看看坐轿的人，突然，匆匆拿着装猪菜的篮子一口气跑回家去，一踏入门口就大声叫：'亚……亚妈，大哥回来了！'母亲很为诧然，笑着回答他说：'你发梦，你怎认识哥哥呢？'帝象着急地说：'是就是啰，坐轿的人与大哥的相片很象，行李上又写有孙字，为什么不是呢？'正在争论间，就给门外'亚妈，亚妈'之声冲破了，跟着大哥就进屋了。帝象很快地递送了一杯茶给哥哥。我（指孙妙茜——编者注）和妈妈（指孙眉母亲杨氏——编者注）、大哥都称赞他真是细心精灵。"（杨连逢：《中山先生青少年时代生活片断》，《广东辛亥革命史料》第 461 页）

　　7 月 15 日（六月初五日）　与谭氏结婚。（杨连逢 1957 年 5 月采访孙缎记录，《孙中山史迹忆访录》第 166 页）

　　孙妙茜忆述："我兄眉公是十八岁去檀香山的，二十五岁才回来，与我嫂谭夫人结婚。"（王斧：《总理故乡史料征集记》，《建国月刊》第 5 卷第 1 期，1931 年）

　　△　向乡人描述檀香山的情况，并招募华工赴檀。

　　孙眉"把他在夏威夷岛上所有产业告诉那些惊奇的听众，并且把那黄金似的奇怪的沙滩，色似靛青的海水，海滨澎湃的大浪，永流不绝水晶似的泉水，凸入温暖海水中的紫山，遮护着那些物产丰富土地肥沃的山谷，种种的事情告诉他们。他又把自己在珠港附近开垦海滨湿地成绩很好的事情告诉他们，又预言大凡担负此种工作者将来的富裕。他说那里出产非常的多，所以那些皮色似紫铜的土人，很喜欢作

夫人谭氏（1862～1938年）

游泳等玩意儿，不必力作，明天的食物可以无需顾虑。他又告诉说香的花，叫的鸟，山谷中长满棕树、香橼树、菠萝蜜种种的树林，他们听了很是高兴。"（《孙逸仙传记》第 91 页）

孙眉"出去的时候，是一个穷苦的农家子，归来的时候已富了，不但富于金钱，而且富于做事的经验。他有了这种经验，所以已知道西方做事的方法了。大哥很想和人合股接管一只航海的大船，居然达了目的。他在这只船里，把免费的中国侨民，带到火奴鲁鲁去，从夏威夷王所给每人百元的津贴中得到他的酬报，这个数目使他在侨民的旅费中得到一笔大的利益"。（《孙逸仙传记》第 90 页）

"德彰遂于回粤娶妇之便，在翠亨乡招徕乡人赴檀工作，一时应者甚众，同时更租一大帆船，载此项移民数百人以往，在檀之老华侨莫不惊其魄力之伟大焉。"（《孙眉公事略》，《革命逸史》第 2 集，第 1 页）

△　在翠亨设立移民事务分所，再次离乡赴檀后由共事者继续处理移民事宜。

孙眉"回到翠亨不久，就预备要回到火奴鲁鲁去经营他的事情了。他在翠亨村外设了一个移民事务分所，把在中国所招的共事者留在那儿处理移民的事情。"（《孙逸仙传记》第 92 页）

9 月 22 日（八月十六日）　再赴檀香山。（杨连逢 1957 年 5 月采访孙缎记录，《孙中山史迹忆访录》第 166 页）

△　孙中山拟随兄赴檀，未果。

"中山恳求他的父母准许同他的哥哥同去，他是很想和他一块儿去的。但是他的父母很严厉地一定不准他去，他们的意思，以为有一个儿子去冒险已经够了。"（《孙逸仙传记》第 92 页）

△　孙眉偕母亲到檀香山①。

"我记得孙眉接他母亲去夏威夷探望他的事。……他母亲对莫衣〈茂宜〉（Maui）岛的印象很好，有人猜想，要不是为了另一个儿子，她会背井离乡在那儿住下来。

她回到村里，我们都去听她讲见闻。令人难以置信的是她印象最深的竟是夏威夷的活动房子。她说他们的房子和我们的不一样，是用

---

①　这则纪事原文并无明确年代，根据所记的内容，当是孙眉结婚之后，孙中山赴檀之前，姑系于此。

框架搭起来的，可以从岛的一头搬到另一头。"(《我所了解的孙逸仙》第 40 页）

△　是年到达夏威夷的中国人有 557 人。(《1852～1899 中国人到达夏威夷人口统计表》，《夏威夷的华裔移民》，第 13 页）

1878 年（清光绪四年　戊寅）　二十四岁

△　把原已在火奴鲁鲁设立的移民办事处转变为孙阿眉商店①。

"华工入口愈多，则需用日常用品和唐山杂货也愈多。且华工工余入埠，亦需有歇脚之处，此所以各地都有华埠之形成。德彰为适应此种需要，把原已设立移民办事处，转变为孙阿眉商店，地址在火奴鲁鲁怒安奴街（Nuuanu Street）与京街（King Street）之间。"(《兴中会五杰》第 16 页，王瑛琦等著《关于孙中山的传记与考证》，台北文星书店 1965 年 11 月版，第 136 页）

△　事业有较大发展，乃寄函回乡，请父母携幼弟到檀香山就养。

"次年戊寅（1878），德彰以所业日进，乃函请达成公挈杨太夫人及幼弟赴檀就养，达成公无意远游，只命总理② 陪杨太夫人前往。"(《孙眉公事略》，《革命逸史》第 2 页）

孙眉"在檀香山衣华位孖炉③ 地方业农，已有积蓄"。(《华侨史·孙公中山在檀事略》，《檀山华侨》第 1 集"檀山华侨"部分第 11～12 页）

△　檀香山上议员 Charles H. Dickery 购办电话器具，在茂宜岛设置电话。(《交通·檀香山电话简史》，《檀山华侨》第 1 集"檀香山"部分第 45 页）

△　到达夏威夷的中国人有 2 464 人。(《1852～1899 中国人到达夏威夷人口统计表》，《夏威夷的华裔移民》，第 13 页）

1879 年　（清光绪五年　己卯）　二十五岁

3 月（二月）　翠亨村陆耀庭等三家被抢劫。

---

①　钟工宇在《我的老友孙逸仙先生》中称此商店开办于 1880 年。(《孙中山生平事业追忆录》第 726 页）
②　总理：指孙中山。
③　衣华位孖炉，当是 Ewa Waipahu 的音译，位于奥鸦湖岛上，珍珠港的西面。

"缉获剧盗——广东香山县境盗风日炽，今春二月间，有盗二十余明火执械抢劫翠亨村陆耀庭等三家。四月又抢唐姓，五月抢谭姓。"（《申报》1879 年 6 月 18 日，转引自《〈申报〉广东资料选辑》第 1 册，第 317 页）

△　是年①，孙中山随母赴檀②。

孙中山自述"十三岁随母往夏威仁岛（Hawaiian Islands），始见轮舟之奇、沧海之阔，自是有慕西学之心，穷天地之想"。（《复翟理斯函》，《孙中山全集》第 1 卷，第 47 页）

"一八七九年中山是十四岁了，他由水道从翠亨村直接到澳门去。他的哥哥的共事者，已在那里雇定了一只约二千吨的英国的铁汽船，叫做"格兰诺去"（S.S. Grannoch）的，预备载运中国侨民，到火奴鲁鲁去了。这是中山离家的第一次。"（《孙逸仙传记》第 95 页）

外国轮船上的先进机器给孙中山很大的感触，但感触最大的是船上的铁梁，"我看起来，这是一桩很重大的事情。吾记得那时吾想这么重的一个梁，要多少人才可以把他〈它〉装配好，忽的想到那已发

---

① 关于孙中山先生首次赴檀时间，常见的有 1878 年和 1879 年两说。陈锡祺主编《孙中山年谱长编》（上册第 24 页）比较各方记述，采 1879 年说。

② 据郑强外孙林国才及外孙女林瑞英回忆，孙中山和母亲杨氏是郑强夫人带到檀香山的，"1878 年左右，我外祖母（即郑强夫人——编者注）要回中山，听我母亲（即郑强第六女郑翠帷——编者注）说他在乡间打赢了官司回家乡收钱，孙眉便对我祖母说他有一个弟弟仍在乡间，可否请她带到檀香山，我祖父一口便答应。"于是郑强夫人回到乡间处理完事情后便带孙中山到檀香山。林国才和林瑞英早年在澳门生活和孙家来往密切，他们多次听到孙家长辈在闲谈时讲起这段历史。（林国才：《有关我家族和孙中山家族的关系》手稿。2004 年 4 月 30 日采访林国才、林瑞英记录）在 1952 年卢慕贞出殡礼上，代表孙氏家属致词的就是他们的父亲林介眉（《孙国母卢氏会佐出殡礼秩序》，澳门白马行浸信会堂 1952 年 9 月 9 日）。马允生采访郑强的在檀香山的两个孙女儿卢银森与彭凤群，则表示孙中山第一次到檀香山是随郑强夫妇同船来的，当时郑强回国接郑强夫人到檀，租用英国船格兰诺号，同时招募一百多名华工来夏威夷。（《孙中山在夏威夷：活动和追随者》第 35 页）如所说属实，则林百克所说的孙中山"哥哥的共事者"就是郑强，当时孙眉正和郑强合作招募劳工到夏威夷。

明这个大铁梁的天才，又发明了应用他一个机械的用法。外国人所做的东西，我们中国人不能做，吾立刻觉得中国总有不对的地方。外国人既能制造这些坚实金属的大梁，并且又能把他〈它〉装配好，这岂不是他们在别方面，优于中国人的证据么？"（《孙逸仙传记》第97~98页）

根据陆华造① 听杨文纳的回忆："中山初到檀香山，是农历四月，当地学校是秋季始业的，因此距离入学三个多月时间。这时为了入学准备，就在畜牧场附近的一家私立商业学校补习英数，他进步得很快，日常惯用的英语，讲得很流利②，加减乘除数字，算得很准确，诚出乎于其兄德彰意料之外。……由于他兄弟俩关系，会少离多，深得其兄重视，认为可以造就，遂下决心，不惜任何困难，务使他入学，俾成其才，以光门户。"（杨连合1935年采访陆华造，见杨连合：《孙中山先生的幼年生活》，广东省政协文史委员会藏稿）

△　夏秋间　孙中山到檀香山后，先在孙眉设在珍珠港区的"爱槐"商店中办事。（《孙逸仙传记》第114页）③

9月中旬（七八月间）孙中山入火奴鲁鲁意奥兰尼学校（Iolani College，Honolulu）④ 就读。

孙中山自述："是年夏母复回华，文遂留岛依兄，入英监督所掌之书院（Iolani　College，Honolulu）肄业英文。"（《复翟理斯函》，《孙中山全集》第1卷，第47页）

---

① 　陆华造，翠亨村人，檀香山归侨，曾在孙眉牧场当过10多年长工。
② 　林百克称，孙中山在檀香山进入学校学习时，完全不懂英语。（《孙逸仙传记》第114~116页）
③ 　冯自由《革命逸史》第2集第2页载：先生抵檀后，赴孙眉在茂宜岛茄荷蕾埠开设之商店协助店务。但孙眉在茄荷雷埠的商店是1881年方才开设。
④ 　意奥兰尼学校（Iolani College），是英国圣公会牧师 Bishop Staley 于1862年10月创办，原名阿鲁宾学院（Alban's College），后由土王架咩霞咩霞第五（Kamehameha V）改今名，创立之初的主要目的是培养土人子弟及混种的夏威夷青年，后来也兼收东亚人。1879年校址在火奴鲁鲁Bates街。在檀香山各外人所办之学校中，该校可说是与华侨关系最密切之学校。（苏德用：《国父革命运动在檀岛》，《关于孙中山的传记与考证》，第133~134页）

"大哥的气量很大，在中山未到以前，他已收受了一个同村的少年，并且已把他送入火奴鲁鲁的学校里读书了。当大哥决意把中山送入学校的时候，这同村的少年，进了教会学校，已二年了。他以为外国教育，既然没有伤害这个同村的少年，当然无害于中山的。"（《孙逸仙传记》第 115 页）

陆华造回忆听孙中山母舅杨文纳说：在孙中山未进入意奥兰尼书院前，"德彰的脑海里，要选择一件具有教管兼备的学校，才肯使他入学。但畜牧场附近的学校，不够理想，若到正埠，将托谁人照料，颇费踌躇，最后决定，为便于入学，征求邓荫南① 同意，按月给回伙食费，寄宿在邓荫南开设的一间什货店里。"（杨连合 1935 年采访陆华造，见杨连合：《孙中山先生的幼年生活》）

意奥兰尼学校"当时每学生约学费一百五十元，便足一年之用。因其时檀岛生活程度甚低故也。别校所收学费更有廉于此者。惟其兄爱弟心切，不吝资助，故始终无转校。"孙中山在意奥兰尼学校华人同学有钟工宇、唐雄② 等。（《华侨史·孙公中山在檀事略》，《檀山华侨》第 1 集"檀山华侨"部分第 12 页）

△　清驻美大臣陈兰彬奏派同知陈国芬（即陈芳③）为商董，遣委员朱和均会办。（《领馆·驻檀中国领署设立简史》，《檀山华侨》第 1

---

①　邓荫南（1846～1923），名松盛，字荫南、有相，革命同志称为"邓三伯"，广东开平县人。檀香山华侨。兴中会成立后，他在百依成立分会，变卖全部家产随孙中山回国参加广州起义。之后参与发动惠州起义，在香港青山开办农场作为革命基地，1905 年在南洋联络志士，扩展同盟会组织，后又返港协助孙眉的工作。民国成立后曾任总统府参议、内政部农务局长、东莞县长、开平县长等。（《邓荫南的革命伟绩》，《兴中会五杰》第 45～64 页）

②　唐雄（1865～1958），字谦光，广东香山县恭常都唐家乡（今珠海市唐家镇）人。1883 年和孙中山一起在香港受洗加入基督教。据说 1895 年广州起义失败后，孙中山逃往澳门曾得其协助。1915 年与钟工宇等筹组华美银行，为檀香山第一家华人银行。

③　陈芳（1828～1906），广东香山县恭常都黄茅斜乡（今珠海市前山镇梅溪村）人，1849 年赴檀香山，1860 年代经营中国货物、榨糖业、碾米业等，成为当地华侨首富。陈芳积极参与地方政治活动，曾任檀王国枢密院议员。1879 年成为清政府驻檀香山商董。

集"檀山华侨"部分第 37 页）

△ 是年内到达夏威夷的中国人有 3 812 人（《夏威夷的华裔移民》第 13 页）

1880 年 （清光绪六年 庚辰） 二十六岁

△ 春节，邀请家不在当地的孩子到他家过年。

"我①被国父邀到他的大哥商店中同渡〈度〉新春。阿眉照样客气而和蔼的邀请了其他在本市无家的孩子共享快乐。这时我们多么的兴奋啊！在那种日子里，中国新年是'恭喜发财'的佳日，每个人可随便拜访，特别是那些大块头的夏威夷警察和商店的老主顾们。他们进来随意吃喝，并且还拿走红封包的利市钱。就是那些白种的商人，也在这年节来拜访他们中国的同业。"（钟工宇：《我的老友孙逸仙先生》，载尚明轩、王学庄、陈崧编：《孙中山生平事业追忆录》，人民出版社 1986 年 6 月版，第 727～728 页）

8 月（七月） 出资修建翠亨犁头尖山竹高龙孙族墓地②。

"按《孙氏家谱》载及家祖所言，1880 年 8 月（光绪六年七月），为便于清明祭扫祖墓，由达成公出面，藉檀香山各叔侄所捐输之银两，将涌口村先祖墓一并迁至翠亨犁头尖山土名竹高龙（今中山纪念中学附近）安葬，德彰公极乐此事，投银最多。"（孙必胜记录：《二十传裔孙满、乾恭述早年在乡之见闻》，《翠亨孙氏达成祖家谱》第 84 页）

1881 年（清光绪七年 辛巳） 二十七岁

---

① 我：指钟工宇（Chung Kun Ai）。钟工宇（1865～1961），中山市三乡镇西山村人。1879 年随父至檀香山，就读于意奥兰尼学校，与孙中山同学。钟工宇是孙中山反清革命活动的支持者，参加第一次兴中会会议，并资助出版《自由新报》。著有回忆录《My seventy nine years in hawaii（1879～1958）》（Hong Kong；Cosmorama Pictorial Publisher，1960）。

② 竹高龙孙族墓地：位于翠亨村西北 1.5 里处，犁头尖山西南，土名"竹高龙"，原葬有翠亨孙氏十四至十六世部分先祖，后翠亨孙氏于光绪六年七月（1880 年 8 月）将其涌口村直系祖坟迁葬于此，遂形成孙族墓地。现该墓地有孙氏祖坟共 7 穴，各墓现均保存完好。

6月24日（五月二十八日）　子孙昌① 出生于檀香山。（《翠亨孙氏达成祖家谱》第23页；孙科《从兄昌墓碑》拓片）

7月1日（六月六日）　茄贺蕾铁路公司（Kahului-Railroad Co.）创立，是茂宜岛② 第一家铁路公司。（《交通·茂宜岛铁路》，《檀山华侨》第1集"檀香山"部分第42页）

10月18日（八月廿六日）　把一块在茄贺蕾（Kahului）③ 的土地转让给孙启球（Sin Kai Cion）。（夏威夷公证登记局，奥鸦湖1870～1884年，出让人索引，转引自《兴中会五杰》第18页）

△　离开火奴鲁鲁，搬到茂宜岛上的茄贺蕾开一商店，店号德昌隆（Duck Cheong Lung）。此后以"德昌隆"为基地，开展各项事业④。（马兖生：《孙中山在夏威夷：活动和追随者》，台湾近代中国出版社，2000年8月版，第18页）那时候，侨胞叫他孙眉（Sun Mei），

---

①　孙昌（1881～1917），字建谋，号振兴，孙眉独子。在檀香山当地接受中学教育。曾受业于梁启超门下，又到日本就读于东京大同学校。1910加入同盟会，在美国加州积极参加同盟会活动。民国成立后在广州警察厅任职。1914年加入中华革命党，与陈耿夫等在香港、澳门设立秘密机关讨伐龙济光。1917年在澳门浸信会受洗成为基督教徒。同年参加护法运动，任海陆军大元帅府别动队司令，职叙陆军中校。同年11月20日，奉孙中山命乘船押送军饷赴广州黄埔，因事先未与海军联系，误入海圻舰警戒线，溺水殉职。孙中山闻耗极为悲痛，命葬于黄埔公园，亲题"为国捐躯"四字，刻石于墓前。1933年4月迁葬于翠亨村北犁头尖山麓。孙昌与妻王金顺（1888～1915）生子孙满、孙乾。王金顺病逝后续娶继室梁旺。

②　茂宜（Maui）岛：夏威夷群岛第二大岛，位于夏威夷（Hawaii）岛和奥鸦湖（Oahu）岛之间，面积约728平方英里。岛之东部有夏利亚架剌（Haleakala）死火山，西有西茂宜山（West Maui），二山耸峙，中部夹成平原。在夏利亚架剌低坡一带，泥土肥沃，产巨量之菠萝及糖蔗。在山坡稍高之处则为牧场，除牲畜外，兼植果蔬树木。位碌古埠（Wailuku）为岛上最大市镇。（《檀山华侨》第2集"檀香山"第2页）

③　茄贺蕾（Kahului），或译作架贺雷、茄荷蕾、卡胡卢、姑哈禄等，茂宜岛上市镇。

④　另据钟工宇回忆，1880年后3年（即1883年），孙眉在茂宜岛姑哈禄埠（Kahului，即茄荷蕾）开了一爿商店。（钟工宇：《我的老友孙逸仙先生》，《孙中山生平事业追忆录》第726页）

独生儿子孙昌（1881～1917年）

或阿眉（Ah Mi），见于文书者则为"S阿眉"（S.Ah Mi）。（《兴中会五杰》第18页）

△　程蔚南① 创办檀香山第一家中文报馆——隆记报馆。（《华侨史·孙公中山在檀事略》，《檀山华侨》第 1 集"檀山华侨"部分第12页）

△　是年至 1894 年 4 月，在奥鸦湖岛上让受之地产有 14 宗。（夏威夷公证登记局，奥鸦湖 1870～1899 年卷，出让人索引，转引自《兴中会五杰》第 18 页）

1882 年　（清光绪八年　壬午）　二十八岁

7月27日（六月十三日）　孙中山以优异成绩在意奥兰尼学校毕业。（《华侨史·孙公中山在檀事略》，《檀山华侨》第 1 集"檀山华侨"部分第 12 页）

陆华造回忆：孙中山在意奥兰尼学校毕业，是第一个获得夏威夷国王架剌鸠奖品，"是由主教牧师威利士亲自将国王奖品送到畜牧场德彰手里。这天德彰为此事万分高兴，设宴招待。……整个畜牧场工友，引以为美谈，皆大欢喜"。（杨连合 1935 年采访陆华造，见杨连合：《孙中山先生的幼年生活》，广东省政协文史委员会藏稿）

△　孙中山毕业后，到孙眉经营的商店协理店务数月。（《孙逸仙传记》第 122 页）

△　孙中山欲受洗入基督教，遭孙眉痛斥。

意奥兰尼学校"校长威利士② 牧师，乃由英国派来檀治理校务者。学生朝晚需到教堂祈祷，并令在校长住所用餐，拜上帝，读圣经。同学之华童概为信徒。公意欲洗礼，以告其兄。不料兄闻之怒

---

① 程蔚南（1858～1908），广东香山县四大都安定乡（今中山市南朗镇安定村）人。檀香山华侨。在兴中会成立会议上被选为书记。据程蔚南的后人说，程蔚南曾在檀香山中国领事馆工作，协助到檀的华工。亦营商，在檀香山拥有一条街的物业，名为"蔚南街"，另拥有一家糖厂。（南朗《程氏族谱》卷 23 第 8 页；2005 年 5 月 24 日黄健敏采访程蔚南孙子程永在记录）

② 威利士（Bishop Willis），或译作"韦礼士"，1872 年接任檀香山英国圣公会主教，孙中山就读意奥兰尼学校时，他担任学校的主持者。

甚，且悔令入该校，大有用夷变夏之忧，责骂备至。时有翠亨乡人杨鲲池者，晤其兄曰：'此子有大志，信外教何害？不可过于束缚。'其兄怒仍未已，暗禀太公（即父亲孙达成——编者注），促他回乡，加以严训。"（《华侨史·孙公中山在檀事略》，《檀山华侨》第 1 集"檀山华侨"部分第 12 页）

　　△　孙中山就读于火奴鲁鲁奥阿厚书院（Oahu College）。（《孙中山年谱长编》上册，第 32 页）

　　△　清驻美大臣郑藻如①派委员欧阳明、赖鸿逵到檀香山调查侨情，倡建中华会馆，为侨民总机关，以侨商程汝楫②及古今辉③为商董。（《檀山华侨》第 1 集"檀山华侨"部分第 37 页）

　　△　据统计檀香山华人约 13 500 人，其中土生华人约 2 700 人，占十分之二。（林其忠编：《檀香山中华会馆五十周年纪念特刊》"檀香山华侨概况"第 1 页，1934 年 12 月编印）

1883 年　（清光绪九年　癸未）　二十九岁

　　7 月　因孙中山欲受洗加入基督教，着令其回国，并划拨一半财

---

① 郑藻如（1824～1894），字志翔，号豫轩，亦作玉轩，广东香山县濠头乡（今中山市火炬高新技术开发区濠头村）人。1869 年任江南制造总局会办。1878 年任津海关道，后接办天津机器局，筹建电报总局等，深得曾国藩、李鸿章等洋务重臣赏识。1881 年 6 月委派为清廷第二任出使美国、西班牙、秘鲁三国大臣。1886 年以病乞休，归乡养老。（黄彦、李伯新：《孙中山的家庭出身和早期事迹》，《孙中山研究与史料编纂》，第 400～415 页）

② 程汝楫（？～1892），名利，字维焕，别字敬泉，广东香山县四大都安定乡（中山南朗镇安定村）人。倡建檀香山中华会馆，历任正董事兼领事职衔。当时乘船至檀华工多赖其下船料理各人妥当登岸。（《领馆·程利略历》，《檀山华侨》第 1 集"檀山华侨"部分第 40～41 页）

③ 古今辉，号宜珊，广东嘉应州（今梅州市）人。1867 年抵檀香山，后开设苏杭杂货店多间及开设围馆耕田。笃信基督教，为华人福音堂及华人正道会发起人之一。历任中华会馆副商董、正商董，加正领事衔。1900 年火烧华埠，古今辉与杨西岩保护甚力。曾编有《檀岛纪事》于 1907 年出版。（《领馆·古今辉略历》，《檀山华侨》第 1 集"檀山华侨"部分第 41 页）

产给孙中山。

孙中山自述:"后兄因其切慕耶稣之道,恐文进教为亲督责,着令回华,是十八岁时也。"(《复翟理斯函》,《孙中山全集》第 1 卷第 47 页)

"癸未年(1883 年)总理以受耶稣教熏陶多载,渐笃信教义,毅然欲受洗礼。德彰闻之,恐总理日趋洋化,遂使回粤专攻国学,以补不足,且分授财产一部以策励之。"(《孙眉公事略》,《革命逸史》第 2 集,第 2 页)

陆华造回忆在孙眉牧场时:"中山出身于农村,对我们的作业,有深切的了解,常把我们疾苦意见反映,因此,惹起了场里师爷的嫉忌,背地诅骂他倒吊德彰的米缸。"后来,孙中山劝说牧场工人有病应请医生治疗,不要迷信,富贵是从苦难中得来的,"因此更惹起场里师爷不满,经常向德彰离间他兄弟俩关系,捏造是非,诽谤他信奉异教,无父无君,倒乱场规,煽惑工人,不听指挥……甚至以辞职相要挟,说中山在场里一天,坚决不干。使德彰几次动火,要殴打中山",幸亏中山的舅父杨文纳劝阻才了。(杨连合:《孙中山先生的幼年生活》)

陈少白谈到,"当时孙中山先生的哥哥,很反对耶稣教——他的反对,并不是有什么理由,不过他以为只有中国的教化最好,除了中国教化以外,无论什么教,都是不正派,都要反对的。……这样,两个人斗起口来,孙先生就被他哥哥打了一顿。打过以后,哥哥不理他。孙先生倒也负气起来了,就拿了一只衣箱,头也不回的跑出门。他想到什么地方去好呢?摸摸身边,也没有钱。一时也想不出什么办法,后来就跑回到教会学堂里面去。见了牧师,就说:'我哥哥不要我读书,我现在站不住,要回去了。'牧师听了,很怜惜他,苦苦的劝他:'你暂时住在学校内罢。隔几天,等你哥哥气平了,再可以去商量的。'但是那时候孙先生觉得既和哥哥斗气出来,再也不能住下去了,并且出国已六七年,想回去见见家乡情况,所以他还是很坚决的要回国。牧师见劝既劝不住时就帮助了他的船费,使他回到中国来。后来他的哥哥知道了,觉得因孙先生进耶稣教迫走了他是不对的,心内有些懊悔,所以就常特别寄了些钱到中国,供给孙先生的学费。"(陈少白:《兴中会革命史要》,载陈德芸、陈景农编:《陈少白先生哀思录》,1935 年编印,第 92 页)

孙眉"很爱中山，以为很应当把他商业利益的一半给他。大哥请了一个律师，保证中山所得的一半的财产，这财产在火奴鲁鲁常常涨价的。大哥对于中山希望很大。他想中山回到翠亨去用了这个财产可以在家庭里有一种信用"。孙眉责令孙中山回乡后，想："我救文出了洋人势力，我心中快乐。回到家里他们可以教他中国的法子，我们要用我们的产业以增加家族荣誉。他可以不随着洋人胡乱使用金钱而失我们的尊敬，这是怎么样快乐的事情呵！"（《孙逸仙传记》第164～165页）

"大凡熟悉中国人的生活的，见大哥对于他的幼弟所取的态度，都很钦佩，这是对于别人很难说明的。"（《孙逸仙传记》第122页）

△ 秋，孙中山与陆皓东毁坏翠亨村村庙北极殿神像，被迫赴香港。后在香港拔萃书室（Diocesan Home, Hong Kong）① 读书。（《孙中山年谱长编》上册，第35页）

△ 年底，父亲孙达成致信孙眉，告知孙中山在乡毁坏神像事。（王斧：《总理故乡史料征集记》）

△ 年底，孙中山在港加入基督教。（［美］喜嘉理（Rev. Charles Robert Hager）②：《孙中山先生之半生回观》，《孙中山生平事业追忆录》第521页）

1884年 （清光绪十年 甲申） 三十岁
5月7日（四月十三日） 作主为弟弟孙中山与卢慕贞定亲。

---

① 据黄宇和的考证，孙中山入读的是英国圣公会所办的 Diocesan Home and Orphanage（boys），直译的话可译作"主教区男童收容所、男孤儿院"（后改名 Diocesan Boy's School，中文校名或称"拔萃书院"），孙中山为该校日校走读生。（黄宇和：《中山先生与英国》，台北学生书局有限公司2005年版，第53、55页）

② 喜嘉理（？～1917），美国纲纪慎会（American Congressional Mission）牧师。代表美国国外传教理事会（简称"美部会"，American Board of Commissioners for Foreign Missions）在香港设立和主持传教会。1883年3月从美国到达香港，后来开办学校开展传教会工作。1883年底为孙中山行洗礼，加入基督教。1910年因健康状况恶化返回美国，结束在中国27年的传教生涯。（张建华：《孙中山的施洗牧师喜嘉理》，《近代史研究》1997年第1期）

孙中山在翠亨村与同县外壆村（今珠海市金鼎镇外沙村）卢耀显① 之女卢慕贞② 结婚。（卢慕贞：《答香山商会函》，载王天恨：《孙中山先生全传》，中央图书局 1927 年 8 月版）

孙中山与卢慕贞之婚姻，据卢慕贞回忆是由孙眉做主定亲的。

"总理之元配夫人之外家，其祖父时家道小康，其父承先业，读书经商，此外家（在外博③，现改称外沙）距总理家七八里。定亲时，达成公年岁已多，未理家事，故由眉公作主。"（钟公任采访卢慕贞记录，钟公任：《采访总理幼年事迹初次报告》）

△　在檀香山经营多年，故乡翠亨家中经济渐较丰裕。

喜嘉理回忆："自澳门复行一二日，乃抵先生（孙中山——编者注）家，颇蒙其优待，观其家室服御，知其为殷裕之家，资产在中人以上，殆由其兄营业发达之所致也。"（［美］喜嘉理：《孙中山先生之半生回观》，《孙中山生平事业追忆录》第 521、522 页）

11 月（九至十月）　得知孙中山在家乡破坏神像及在香港入教，十分生气，命孙中山再赴檀香山，并收回以前赠与的财产④。

孙中山"先生热心宗教，百折不磨，方其奉教之初，其兄闻而严责之，谓苟不速与基督教割绝，必不复寄银资助之。长兄之命，凛凛难违，顾先生夷然处之，不以稍夺其志，力传基督之道，辟偶像之

---

① 卢耀显，广东香山县恭常都外壆乡（今珠海市金鼎镇北沙社区外沙村）人，家道小康，承先业，读书经商。（卢慕贞口述，钟公任：《采访总理幼年事迹初次报告》）妻蔡氏，育有一子卢熙明，一女卢慕贞。故居保存基本完好（今珠海北沙社区外沙村 193 号）。（《卢耀显家系图》；2005 年 3 月 14 日黄健敏采访珠海北沙村村民卢华成记录）

② 卢慕贞（1867～1952），孙中山元配夫人。1884 年 5 月与孙中山结婚。婚后，生子孙科，女孙娫、孙婉。孙中山为革命在外奔波，夫妻聚少离多，卢慕贞则操持家务、照顾老人、抚育子女，是一位富有传统观念的女性。1915 年夏，卢慕贞在日本与孙中山协议离婚，之后长居澳门。卢慕贞一生对人慈爱友善，深得乡人敬重，被尊称为"孙太夫人"或"卢太夫人"。1952 年 9 月 7 日在澳门病逝。原安葬于澳门旧西洋坟场，1973 年迁葬澳门凼仔孝思墓园，2005 年迁葬翠亨村附近犁头尖山山麓。

③ 外博：应是"外壆"。

④ 钟工宇回忆是 1885 年初。（钟工宇：《我的老友孙逸仙先生》，《孙中山生平事业追忆录》第 727 页）

非，娓娓不倦。其兄察得之，莫知所措，乃促之赴檀香山，佯言有业
务相托，实则欲其离中国也。既抵檀香山，其兄迫胁禁阻之，又不予
一钱，使无以为饘粥资，而先生竟不改其初志也。"（〔美〕喜嘉理：
《孙中山先生之半生回观》，《孙中山生平事业追忆录》第 522 页）

　　孙眉得知孙中山在家乡破坏神像及在香港入教，十分生气，写信
佯称在檀香山生意遭到失败，如今要扩充经营，需孙中山赴檀协助，
孙中山乃再次赴檀。与孙眉见面后，孙眉大发雷霆，不仅罚令先生锯
木，且加以责打。先生不甘示弱，跑到孙眉书房，将悬在壁上之关帝
神像取下扔进厕所。此后，孙眉把先生送至茄荷蕾埠之商店帮做生
意，并收回以前赠给先生之财产以示惩戒。（黄彦、李伯新：《孙中山
的家庭出身与早年事迹》；《革命逸史》第 2 集，第 2、11、14 页）

1885 年　（清光绪十一年　乙酉）　三十一岁

　　4 月　孙中山在茄贺蕾埠之商店学做生意本非所愿，后得奥阿厚
书院教师芙兰·蒂文①（Frank Danon）及同学钟工宇等人资助乘坐轮
船回国②。孙眉赶往火奴鲁鲁慰留未果。（《孙眉公事略》，《革命逸史》
第 2 集，第 2 页）

　　孙中山"一到埠，便给哥哥打了他一身……因为哥哥痛恨总理不
该在家闯祸，令父母吃人凌辱的亏……但是总理很崛强，总是不输
伏。那些伙计又瞧不起总理，一切洒扫的苦役，大家都暗中相约不
执，让总理一人去干。甚至上茅房，一张草纸，也要总理递给他们。
次年，总理乃决意要走，临行的时节，他便对我的丈夫子辉③ 这样
说：'我不堪他们这班无知东西的苛待，但我却不想因此区区小故惊
动我的哥哥。我去了，尔是要好好帮助我哥哥的。我的哥哥，不是尔

---

①　芙兰·蒂文（Frank Danon），檀香山华侨多喜欢译作"化冷爹文"，亦
　　有译作"佛兰爹文"牧师，曾在中国广州服务多年，娶了一位生长在广
　　州、会说流利广东话的女传教士，曾热心支持孙中山的革命事业。（《孙
　　中山生平事业追忆录》第 728 页）
②　据钟工宇忆述：当时有一位在畜牧公司任事的柏文（Bowen）先生捐了
　　五元，钟工宇也捐了五元，当时等于他做裁缝一个月的薪资。（转引自
　　《关于孙中山的传记与考证》第 140 页）
③　子辉，即孙妙茜丈夫杨紫辉。

的哥哥吗？'他的姊丈无法阻止他，只得由他静中走了。总理孑身跑出檀香山大埠，得遇他的教师，美国人佛兰参文。那教师向来是器重总理的，即请总理到他的寓所，细询总理以后行踪。总理告诉他，要回中国。他愿尽力相助，慨然出多金任总理携取，但总理只取美币三百员〈元〉作旅费，辞谢教师而行。且先遍游美国各埠，然后给信眉公，说要回国。眉公得信，亲到大埠见总理，想要总理多住个把月。但总理不肯，说是已经定了船位。眉公道：'那我没有钱给尔。'总理答道：'我不要尔的钱！'总理就此离美国归。"（王斧：《总理故乡史料征集记》）

"既而德彰深悔督责总理过严，即以巨资寄达成公助总理问学。"（《孙眉公事略》，《革命逸史》第 2 集第 2 页）

8 月（七月）　孙中山往香港中央书院复学。（《孙中山年谱长编》第 40 页）

△　汇款在家乡建平房一间（即今"孙中山故居"的孙眉房）。（黄彦、李伯新：《孙中山的家庭出身与早年事迹》）据 2004 年的测量，房子宽约 4.65 米，长约 22.58 米，占地约 105 平方米。

孙家原世居的房子，位于新房的右前方，"已有一百多年历史，房子的墙是由泥土、蚝壳和石灰筑成的，有一尺多厚。"（陈鹤龄编辑：《孙哲生先生口述传记》，吴任华编纂、曾霁虹审阅：《孙哲生先生年谱》，孙哲生先生学术基金会出版，台湾正中书局 1990 年 10 月印行，第 445 页）1912 年后拆除，原址在今"孙中山故居"前院水井处。

△　中国在中法战争战败。

孙中山曾忆述："余自乙酉中法战败之年，始决倾覆清廷、创建民国之志。"（《孙中山全集》第 6 卷，第 229 页）

1886 年（清光绪十二年　丙戌）　三十二岁

1月19日（光绪乙酉　十二月十五日）　养女顺霞[①]生。（《翠亨孙氏达成祖家谱》第 20 页）

2月（一月）　有房屋出租。（夏威夷公证登记局，茂宜 1885～1894 年，出让人索引，转引自《兴中会五杰》第 19 页）

4月18日（三月十五日）　下午四时起，檀香山火奴鲁鲁华埠发生大火，燃烧三日而止。木楼灾区，变为平地，广阔约 30 英亩。华人难民达六千至八千人。（《华埠第一次大火记略》，《檀山华侨》第 1集"檀山华侨"部分第 8 页）

11月7日（十月十二日）　孙威[②]生。（《翠亨孙氏达成祖家谱》第 23 页）

　　△　**秋**，孙中山入广州博济医院（Canton Hospital）学医。结识郑士良、尤列等。后来他解释去学医是"以学堂为鼓吹之地，借医术为入世之媒。"（《孙中山全集》第 6 卷，第 229 页）

　　△　**是年**，驻美清使张荫垣以檀侨日众，侨务日繁，遣委员姚家嬉赴檀，调查侨情。侨民环请早设领事，以免侨民无所傍藉。遂委侨商程汝楫及古今辉为商董，并加正副领事衔。（《设置领事时代》，《檀山华侨》第 1 集"檀山华侨"部分第 37 页）

　　△　**是年**，据统计檀香山共有华侨 20 000 人，占全檀香山人口四分之一。（《檀山华侨》第 1 集"檀山华侨"部分第 4 页）

---

①　孙顺霞（1886～1957），孙眉养女，原为郑仲之婢女，后嫁香山县七区南屏（今珠海市香州区南屏镇）容吉兴为妻。卢慕贞晚年居澳门时与孙顺霞来往甚密。郑仲（1850～1922），又名汝仲，字锟贤，号侣忠。珠海市南屏镇人。少年时赴檀香山谋生，经十余年努力，颇有积蓄，据说曾与孙眉在当地合办一畜牧场。兴中会早期会员，积极捐助经费支持孙中山革命活动。与孙眉、孙中山结拜兄弟。回家乡后，与孙眉、孙中山一家关系密切，逢年过节，常有来往。（郑炳芳、郑照：《他与孙中山结拜金兰之交——回忆先父兴中会员郑仲》，载珠海市政协文史委编《珠海文史》第八辑，1989 年 12 月）

②　孙威（1886～1935），字建唐，中西混血儿，孙眉在檀香山收养作为早殇的二弟孙典的嗣子，继承香火。孙威娶妻约瑟芬·胡·阿威（Josephine Hoolea Aweloa），生子名业、胜本、胜亨，生女妙喜、妙群。20 世纪 30 年代初回翠亨村，拟择地开辟农场，后染疟疾不治，葬于翠亨谭家山孙族坟场。（《孙总理家谱》，抄本，1932 年 5 月 20 日）

1887 年　（清光绪十三年　丁亥）　三十三岁

9 月（七至八月）　孙中山转学香港西医书院（The College of Medicine for Chinese, Hong Kong）。（《孙中山年谱长编》第 45 页）

△　在茂宜购屋和地。（夏威夷公证登记局，茂宜 1885～1894 年，出让人索引，转引自《兴中会五杰》第 19 页）

△　父达成公病重，孙眉及孙中山回乡奉侍。（《孙眉公事略》，《革命逸史》第 2 集，第 2 页）

△　檀香山华侨为反抗西人工党排斥华人的阴谋，在中华会馆保安局集议成立"联卫会"。（《联卫会之一瞥》，《檀山华侨》第 1 集"檀山华侨"部分第 7 页）

1888 年　（清光绪十四年　戊子）　三十四岁

3 月 23 日（二月十一日）　父孙达成去世，享寿 76 岁。（《列祖生没纪念部》）葬于翠亨村犁头尖西南山脚。

△　**春**，和孙中山芥蒂尽释，和好如初。

"戊子年（1888 年）春达成公病故，德彰于数月前闻父病重，已回粤奉侍汤药，至是对于总理爱护备至，凡总理所需学资，均允源源供给，故总理在粤港肄业医学多年，用度宽裕，皆德彰所给予者也。"（《孙眉公事略》，《革命逸史》第 2 集，第 2 页）

3 月 28 日（二月十六日）　檀香山华人"为联络以杜外侮"设立保安局于火奴鲁鲁，各埠仔俱设分局助理。

保安局"议定凡华人侨居檀岛者，无论农工商贾，每人捐银一元为底，如喜加捐者，听其乐助。局内之人，无论何事，准其投诉纪录事，传众设法保护调处。如无银捐者，是为违众，其人有事，概不办理。除每人捐款一元为底外，凡属商家，无论正埠埠仔，所营苏杭杂货及种植等生意，不拘大小，均由西历一八八七年元月一号起至是年十二月三十号止，每家所做生意若干，每百元捐银二毛五仙，限捐一年为期"。（《保安局集议布告》，《檀山华侨》第 1 集"檀山华侨"部分第 7 页）

△　**是年**，登记为实业买卖者。据夏威夷政府档案中的人事记载：孙眉系 IAO 酒店的主人，居茄贺蕾，通邮地址为茄贺蕾"德昌

隆"号。(《兴中会五杰》第 19 页)

自是年至 1891 年,孙眉增加了 IAO 酒店及其楼宇之股权。许多大小地段产权、牲畜养殖以及建筑业,都有他一份。(夏威夷公证登记局,茂宜 1885～1894 年,出让人索引,转引自《兴中会五杰》第 19 页)

"阿眉拥有很多商户在架荷蕾,出租与人。我父亲是木匠,也是他的租客。他是非常好客,而且健谈,著名是'一杯咖啡律师'。欢喜招待客人饮食,朋友与顾问辈,每集合共进早餐,由阿眉供应,纵谈各项问题,邀请有识之士,谋求解决。"(宋谭秀红:《陆基访问记》,转引自《兴中会五杰》第 20 页)

1889 年　(清光绪十五年　己丑)　三十五岁

1 月 28 日(光绪戊子年十二月廿七日)　从记安呢卡亚(Keoni Kaia)夫妇收养一岁男童,叫阿眉(Ai Mi)①。(《兴中会五杰》第 30 页)

3 月 4 日(二月初三日)　慈禧太后宣布"归政",光绪帝开始"亲政"。

8 月 1 日(七月五日)　向夏威夷政府内政部承租菇剌(Kula)牧场,租期十年。

"依夏威夷政府档案,那菇剌牧场,是向夏威夷政府内政部租来的。承租人是一个团体名义,叫做卡孖奥利 O 会(Hui o Kamuela),而以孙眉为代表,地点是在茂宜菇剌卡孖奥利(Kamuela),面积有三千九百亩;租期由一八八九年八月一日起,为期十年;租金年租七百一十元,是年七月起交上期,至一八九九年七月三日满期。"(夏威夷档案:政府出租卷,租赁第 407 号,华史中心,转引自《兴中会五杰》第 19 页)

"先伯父所经营的农场,叫做姑剌(Kula)山牧庄,在檀香山的茂宜岛上。那是一处人烟稀少的偏僻地区。……有人戏称伯父为'茂宜王',的确,先伯父的农庄,在那个岛上算是最大的,占地一千多英亩,雇用的工人有好几十个,事业相当发达。"(孙科:《八十述略》,

---

①　《兴中会五杰》的作者推测,这个"Ai Mi"可能就是孙威。见第 36 页。

孙哲生先生暨德配陈淑英夫人八秩双庆筹备委员会 1971 年印）

孙眉的姑剌牧场"后枕姑剌大山，高接云霄。前朝茂宜（山名）一带，层峦耸翠。……绕之者为莫洛鸡海"。（《中国国民党茂宜支部史略》，《檀山华侨》第 1 集"檀山华侨"部分第 30 页）

据 1972 年，夏威夷华人历史研究中心在茂宜岛孙眉牧场建筑废墟的发掘以及莉丽·塔维斯·辛桃丝（Lilly Tavares Santos）和茱丽·塔维斯·曾（Julia Tavares Zane）姐妹（承购菇剌孙眉牧场的安东尼·F·塔维斯（Antone F.Tavares）的女儿）的回忆，孙眉茂宜牧场的建筑物"有如香港之游泳棚"："这长形建筑物，是由一道石墙围绕，内有四座平房，横列成排。左起一座有三睡房一客厅；连接第二座为四座中最大者，最宽敞者乃工人膳堂，堂后隔以水泥墙是厨房。第二部分又有一饭厅及三小房，分隔为二；第三座为横列型，乃工人所居，连接第四座，内有三睡房及客厅。末端有储物室及洗手间，横列屋宇的两端，各有一大榕树；屋前有蓬盖遮着水池，以资蓄水，有养鸭池及各种果树。左前端，接近水泥墙有饲猪槽，悬钟敲响引猪来食。距此不远，有一大炭炉，筑入墙内，用来烧猪。屋后右方种桑树，中间为厨房，左方有葡萄架、养蜂巢、系马桩和贮藏室。"（《兴中会五杰》第 20 页）

孙眉牧场"其中蓄牛、马、猪、鸡、火鸡等牲口数万头。场地有山林，有平原，工人逾千，华人、土人各半。眉公为全部主人，宛似南面称孤之'小国之君'也；其政治势力在该岛上亦居重要地位，美国官员[①]亦常与联络而借重其力以统治该岛，时'孙阿眉'之名已为人所共知了"。（郑照：《孙中山先生逸事》，《死虎余腥录》第 38 页）

香山县南朗西江里村孙钊的祖父也曾在孙眉牧场打工，据孙钊回忆：我祖父"婚后即往美国檀香山与孙中山的哥哥孙眉打工。孙中山在檀香山从事革命工作期间，彼此也有来往。祖父告老还乡时孙眉赠送了一个有特异功能的花旗钟给他"。（孙钊口述，杨悦生整理：《我父亲曾是孙中山卫士》，中共中山市委党史研究室编：《中山党史》，2003 年 2~3 期）

△　**是年起**，开始在茂宜首府渌咕（Wailuku）投资地产，然后

---

①　檀香山 1898 年方与美国合并。

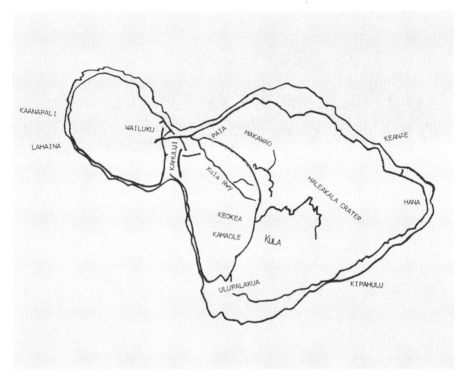

茂宜岛简图（原载《兴中会五杰》）

孙眉在檀香山茂宜岛牧场的后花园旧址

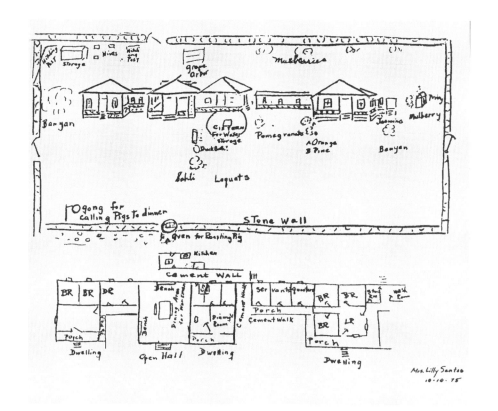

孙眉牧场简图（原载《兴中会五杰》）

孙眉在檀香山茂宜岛牧场的住所旧址，孙中山曾在此居住。

在菇剌（Kula）。是年让受有土地四段。（《兴中会五杰》第 26 页）

1890 年 （清光绪十六年 庚寅） 三十六岁

△ 夏威夷王卡拉卡瓦（David Kalakaua）病逝。其妹利利奥固兰尼（Liliuokalani）公主继位，是为夏威夷王朝最后一位王。（《历史·王朝时代》，《檀山华侨》第 1 集 "檀香山" 部分第 7 页）

△ 是年进行 8 宗土地交易。（《兴中会五杰》第 26 页）

△ 孙中山上书退休居乡的洋务官员郑藻如，就农业、禁烟、教育等问题提出建议。（《孙中山年谱长编》第 52 页）与陈少白、尤列、杨鹤龄等在香港 "杨耀记" 二楼大谈反清言论，被称为 "四大寇"。（《孙中山全集》第 6 卷第 229 页）

△ 是年至 1894 年，卖出茂宜岛上地产 12 起。（《兴中会五杰》第 34 页）

1891 年 （清光绪十七年 辛卯） 三十七岁

1 月 26 日（光绪十六年十二月十七日） 从曼幼达哥罗斯（Manuel da Gros）夫妇收养一个三岁男童，名刁高（Jeo Gros）。（《兴中会五杰》第 30 页）

9 月 7 日（八月五日） 茂宜夏马固亚炉（Hamakualoa）一段 1 030 亩土地让给孙眉及其他一帮 42 人，给值 3 500 元。（夏威夷公证登记局，1885 至 1894 年，茂宜，117 卷，第 197 至 200 页，让受者索引，转引自《兴中会五杰》第 35 页）

10 月 20 日（九月十八日） 侄孙科（孙中山长子）出生于翠亨村。（《翠亨孙氏达成祖家谱》第 24 页）

△ 是年让受土地 5 段。（夏威夷公证登记局记录，转引自《兴中会五杰》第 26 页）

1892 年 （清光绪十八年 壬辰） 三十八岁

△　**年初**，汇钱回乡建房①。

1892 年初，孙眉从檀香山汇款回翠亨兴建新屋。孙中山特地返乡亲自设计建筑图样，将 1885 年孙眉所建的一所房宅加以扩建，成为了一幢中西式结合的两层楼房。整栋楼共花了"白银九百三十四两七钱"。承建商为香山县"下栅长福号"。（《孙中山故居建筑工料单》，翠亨孙中山故居纪念馆馆藏原件）

孙科忆述："在我出生后不久，先伯父（即孙眉——编者注）即汇了二三千元回家把老房子改建，因此即向邻居买了一块地皮准备兴建，但因为当时的乡下并无所谓建筑师，所以由先父（即孙中山——编者注）自己设计、绘图，然后雇了泥水工兴建，至其房子的式样，则大致和澳门西式房屋相似，一楼一底，现在这幢房子仍在，不过乡下的房子，普通都是门朝东方，我们这幢房子却是唯一向西的，许多人都不知其所以然，其实因为新购的这块地皮，建造的房子如仍朝东，正好对着人家的后门，也没有空地，朝西则面对树林，据乡人称那些树林为风水林，不能砍伐，因此索性决定把房子朝西建造，面对天然公园，一反乡人建造房子的习惯就是这个道理。

"新建的这幢楼房就外表上看来与澳门的洋房式样差不多，内部却不完全一样。正面有七个拱门，到现在已重修过二三次，瓦和木梁都曾换新，但却从未改变过原来的形状，房子的七个拱门之内是一个宽大的正厅，供奉神和祖宗灵坛，后面和楼上均为住家，祖母、伯母、母亲、我等都分别住在一部分。如今房子前面的天然树木虽仍存在，但有部分树木已被砍伐，不像当年的茂密。"（陈鹤龄编辑：《孙哲生先生口述传记》，《孙哲生先生年谱》第 445～446 页）

3 月 12 日（二月十四日）　　上书夏威夷政府内政部史宾塞

---

①　此房屋即今坐落于广东省中山市翠亨村的孙中山故居。此房子原是孙眉产业。1936 年，当时的中国国民党中央为纪念孙中山先生，特派专员到中山要求捐赠故居，以供国人瞻仰。孙眉长孙孙满慨然允诺，从保险箱中取出清朝时所立之纱纸地契、房契，其上书明产权人是孙眉。地契由当时的中山县县长杨子毅转呈国家，此后由县政府派员管理。（孙满、孙乾口述，孙必胜录：《二十传裔孙满、乾恭述早年在乡之见闻》，《翠亨孙氏达成祖家谱》附录）1956 年 11 月成立孙中山故居纪念馆管孙中山故居。1986 年 10 月，孙中山故居被列为全国重点文物保护单位。

1892年由孙眉出资、孙中山主持修建的孙中山故居，今为全国重点文物保护单位。

孙中山故居客厅

孙中山故居孙眉居室内景

(Spencer)，大致内容是：兹托哥罗典轮（the Steamer Cloaudin）带上三百五十元，系卡仔奥利土地之租钱，请给回收据。（夏威夷政府档案，政府租赁卷，转引自《兴中会五杰》第 30 页）

3 月 15 日（二月十七日）　内政部复函孙眉，确认 1892 年 3 月 15 日收到三百五十元作为政府出租卡仔奥利土地之租金。（夏威夷政府档案，政府租赁卷，转引自《兴中会五杰》第 30 页）

7 月 23 日（六月三十日）　孙中山在香港西医书院毕业。（罗香林：《国父之大学时代》，重庆独立出版社，1945 年 8 月版，第 64～72 页）是年秋，在澳门镜湖医院行医。（《总理开始学医与革命运动五十周年纪念史略》，岭南大学刊印，1935 年，第 17～18 页）

9 月 30 日（八月十日）　从丁阿安（T. Aon）处收养一女童名阿盖（Ah Koi），八岁又十五日。（《兴中会五杰》第 30 页）

12 月 18 日（十月三十日）　孙中山向镜湖医院借到本银 2 000 元。（据《揭本生息赠药单》原件照片，载广州博物馆、黄花岗起义指挥部旧址纪念馆编：《辛亥黄花岗起义》，上海古籍出版社 2006 年 3 月版，第 18 页）其后在澳门草堆街开设中西药局①。（《吴节薇讲述孙中山先生在澳行医时情形》，澳门《大众报》1956 年 11 月 13 日）

△　据夏威夷政府档案中的人事记载："孙亚眉"列为牧场主人兼牲畜养育家，邮址是菇刺卡仔奥利。（《兴中会五杰》第 19 页）

△　让受土地 5 段。（夏威夷公证登记局记录，转引自《兴中会五杰》第 26 页）

△　驻美清使崔国殷改派古今辉、王殿璋为商董，同代办领事。（《设置领事时代》，《檀山华侨》第 1 集"檀山华侨"部分第 1 页）

△　驻泊檀香山的美国军舰波士顿号（Boston）参加檀香山反对土王的运动，推翻土王王朝。（《美国海军与檀香山之经过》，《檀山华侨》第 1 集"檀香山"部分第 19 页）

---

①　一般都把孙中山在澳门建立中西药局的时间定在 1892 年 12 月 18 日，实际上这个日期只是孙中山向镜湖医院借款的日期，成立中西药局应在其后。中西药局旧址在今澳门草堆街 80 号。（《孙中山先生在镜湖》，吴润生主编：《澳门镜湖医院慈善会会史》，澳门镜湖医院慈善会 2001 年 10 月出版，第 23 页）编者 2006 年 3 月 29 日实地考察所见，该址现为"宝声电业行"。

1893 年　　（清光绪十九年　癸巳）　三十九岁

1 月（壬辰年十二月）　　檀香山推翻君主制度，建立夏威夷独立共和国临时政府。此后，夏威夷渐为美国吞并。孙眉思想渐起变化。

"癸巳年（1893）夏威夷群岛土人大举革命，土王拒战不利，被逼退位，遂改君主制为共和。德彰往日思想顽固，侧重保守，至是耳濡目染，心理为之一变。每闻乡人自祖国来，报告总理时作歌颂太平天国及反清复国言论，咸不以为异。戚族中有恫以抄灭家族等辞，促其劝阻总理行动者，概一笑置之。"（《孙眉公事略》，《革命逸史》第 2集，第 2～3 页）

2 月 14 日（壬辰年十二月廿八日）　　檀香山华人集会，反对临时政府重提限制华人法例之旧议。

3 月 25 日（二月八日）　　上函夏威夷临时政府内政部，请求准许他将在政府租给他四〇七号，坐落茂宜菇剌卡孖奥利的牧地，其中一块靠海滨的长条地段，分租与怀尔特士气船公司（Wilders Steamship Co.）。（夏威夷政府档案，政府出租卷，1893 年 3 月 25 日，转引自《兴中会五杰》第 27 页）

△　檀香山中西扩论会[①]在隆记报馆成立。

1894 年　　（清光绪二十年　甲午）　四十岁

1 月～2 月（癸巳年十二月末至甲午年正月初）　　孙中山在翠亨起草上李鸿章书。（《孙中山年谱长编》上册，第 69 页）

3 月 31 日（二月廿五日）　　孙中山长女孙娫[②]出生。（《翠亨孙氏达成祖家谱》第 22 页）

---

① 中西扩论会，始创人何宽、郑金、程雨亭、陆灿等，是檀香山最早支持孙中山革命事业的华侨团体。李昌、程蔚南、孙中山曾担任该会荣誉会长。

② 孙娫（1894～1913），孙中山长女。广州起义失败后，随母避居檀香山孙眉处。1907 年又随母迁居香港九龙牛池湾。1910 年，与母赴马来西亚庇能与父亲相聚。1912 年 2 月离开庇能回国赴南京与父亲团聚。同年 4 月随父访沪、鄂、闽、粤等地。同年 7 月，与兄孙科、妹孙婉同赴美国求学。1913 年 6 月 26 日，因肾病不治在澳门去世，葬于澳门大西洋坟场，1932 年迁葬于翠亨村附近的谭家山孙族坟场。

7月4日（五月廿一日） 史丹福·B·杜尔（Sanford B.Dole）就任夏威夷政府临时总统。（《兴中会五杰》第25页）

7月25日（六月廿三日） 中日甲午战争爆发。

△ 秋，资助孙中山"实行反清复汉之义举"。

孙中山向李鸿章上书失败后，又见甲午中日战争，清军连战俱败，"遂于是岁秋自上海重游檀岛，拟向旧日亲友集资回国，实行反清复汉之义举"。"总理莅檀后，先赴茂宜牧场就商于乃兄，德彰首赞成之，且愿划拨财产一部为助。更移书檀埠各亲友为总理先容，其时华侨风气尚极闭塞，闻总理有作乱谋反言论，咸谓足以破家灭族，虽亲戚故旧亦多掩耳却走。经总理多方游说，奔走逾月，仅得同志数十人。"（《兴中会组织史》，《革命逸史》第4集第3页，中华书局1981年7月版）

11月24日（十月廿七日） 孙中山在檀香山创立兴中会。

孙中山在孙眉的支持下，于11月24日在檀香山组建中国第一个资产阶级革命团体兴中会，提出恢复中华，挽救危局；以"驱除鞑虏，恢复中国，创建合众政府"为秘密誓词。

"冬十月间，假卑涉银行华人经理何宽宅① 开第一次成立会，列席者有何宽、李昌② 等20余人。总理为主席，即由总理提议，定名曰兴中会。……自是陆续入会者，有孙眉、杨文纳、杨德初③ 等90

---

① 何宽宅原址在大埠 Emma Lane 即 Emma Substation The Hawaiian Electric Co., Ltd. 后门（该巷门牌第140号）对面。何宽（1861~1931），广东香山县黄竹蒴乡（今中山市三乡镇竹溪村）人，15岁到夏威夷，就读于科街英文学校。在檀香山卑涉银行（Band of Bishop and Co.Ltd）任职三十二年。孙眉因商业存款生揭，经常与卑涉银行往来，与何宽关系密切，孙中山也因而与何宽熟悉。何宽在兴中会成立会议上被选为副主席，后又担任主席，还曾担任《檀山新报》编辑以及《民生日报》、《华兴报》司理。（《关于孙中山的传记与考证》第144页）

② 李昌（1851~1912），广东清远人。在香港皇后书院毕业，与程蔚南为同学。其父曾参加太平天国起义，被清政府通缉，逃港得免。1882年到檀香山，担任政府机关译员。1894年兴中会成立时，在李昌家宣誓。李昌利用他在政府工作的方便，掩护孙中山的革命活动，并一度担任《自由新报》编辑。

③ 杨德初，翠亨村人，檀香山华侨，居茂宜牧场，是孙眉的有力助手。

余人。"（冯自由：《中国革命运动二十六年组织史》，商务印书馆 1948
年 1 月版，第 15～16 页）因何宽宅地方狭窄，移至李昌宅继续会议
并宣誓。李昌宅与何宽宅同巷，相距不过十余步。（《关于孙中山的传
记与考证》第 144 页）

是年冬，孙中山在檀香山组织华侨操兵队，为日后归国起义做准
备。（《中国革命运动二十六年组织史》第 17 页）

△　**冬**，加入兴中会，并担任兴中会茂宜分会主席。

"兴中会在火奴鲁鲁成立后，会员宋居仁①和李昌秘密到茂宜岛
的卡胡卢，说服孙眉参加兴中会。孙眉当时已倾向革命，欣然担任兴
中会茂宜分会主席，还介绍好友邓荫南参加。……在兴中会进支数簿
中，交会费的茂宜分会会员有十四人。"（《孙中山在夏威夷：活动和
追随者》第 25 页）

△　**年底**，孙眉、邓荫南等捐助经费，支持孙中山归国实行
起义。

孙中山忆述，兴中会成立后，"不图风气未开，人心锢塞，在檀
鼓吹数月，应者寥寥，仅得邓荫南与胞兄德彰二人愿倾家相助，及其
他亲友数十人之赞同而已。时适清兵屡败，高丽既失，旅、威既陷，
京津亦岌岌可危，清廷之腐败尽露，人心愤激。上海同志宋跃如②乃
函促归国，美洲之行因而中止。遂与邓荫南及三五同志返国，以策进
行，欲袭取广州以为根据。"（广东省社会科学院历史研究所等合编：
《孙中山全集》第 6 卷，中华书局 1985 年 3 月版，第 229～230 页）

兴中会成立之初，收得经费甚少。"是月二十七日（阳历十一月
二十四日）开始收取会员底银及银会股银，月余所得，仅得美金千余
元。总理以事机日迫，急于返国，而所集戈戈之数，去所预算需要之
数尚远，为是异常焦灼。德彰闻之，乃更以每头六七元之价贱售其牛
牲一部，以充义饷，邓松盛亦尽变卖其商店及农场，表示一去不返之
决心。总理综合各款，所得仅美金六千余元，申香港币约一万三千

───────────

①　宋居仁（1854～1937），广东花县赤步村人，1881 年到檀香山，开设西
　　餐馆。1894 年参加兴中会第一次会议。不久卖掉饭馆，回国参加革命。
　　1903 年在香港九龙青山开办农场。1905 年以香港元朗为基地发展同盟
　　会员，据说会员一度超过 3 000 人。

②　宋跃如，即宋耀如。

元，遂于十二月间取途返国。"（冯自由：《中国革命运动二十六年组织史》第 16 页）①

△ 让受土地 5 段。（夏威夷公证登记局记录，转引自《兴中会五杰》第 26 页）

△ 檀香山华侨组织"联卫会"在火奴鲁鲁品芳楼街角召开会议，反对西人工党排斥华人的阴谋，集议时达千百人之众。（《联卫会之一瞥》，《檀山华侨》第 1 集"檀山华侨"部分第 7 页）

1895 年　（清光绪二十一年　乙未）　四十一岁

1月21日（甲午年十二月廿六日）　交兴中会入会底银五元。后又交股份银二百元。（《檀山华侨》第 1 集"华侨史"部分第 17 页）

1月22日（甲午年十二月廿七日）　兴中会在檀香山发行中国商务工会股单。（《孙中山年谱长编》第 78 页）

2月21日（正月二十七日）　孙中山成立香港兴中会。

二三月间　茂宜茄贺蕾的赌徒，在租赁孙眉的房屋开赌，被警局拘控，连带孙眉也吃官司。（火奴鲁鲁《太平洋商务广告人早报》，1895 年 2 月 2 日、3 月 4 日，转引自《兴中会五杰》第 26 页）

3月下旬　孙中山与陆皓东等在广州建立兴中会分会，筹划发动广州起义。（《孙中山年谱长编》（上）第 85 页）

4月17日（三月廿二日）　中日签订马关条约。

6月3日（五月十一日）　康有为公车上书，请变法图强。

△ **夏**，捐资铸造翠亨村祖庙北极殿铁钟。（翠亨孙中山故居纪念馆馆藏）

翠亨村祖庙铁钟铭文：

风调雨顺　国泰民安

沐恩弟子杨昆池　孙德彰　杨德初　杨文纳②　　孙拔贤　冯建周

---

① 一说，孙中山十一月回香港。"总理得款后，乃于是年十一月归香港大举进行，旅檀同志邓荫南、陈南、宋居仁等亦先后回国参预义举，德彰大有力焉。"（《孙眉公事略》，《革命逸史》第 2 集第 3 页）

② 此处之"杨文纳"是翠亨杨族人，并非孙眉之母舅杨文纳。（2002 年 5 月 15 日，黄健敏采访翠亨村民杨帝俊记录）

陆作庸　陆檀生　陆祯祥　杨仕同　杨帝荣　陆振怀　陆文灿
杨　郁
　　仝敬送　德金炉造
　　光绪二十一年孟夏吉旦立

　　8 月 16 日（六月廿六日）　孙眉呈内政部函称：8 月 12 日钧谕关于政府租金事已奉悉，敬恳宽限，稍候至下月第一周，当如数奉上，本人已努力收集，该款在下月初定能奉上等语。署名卡孖奥利会代表。（夏威夷政府档案，政府租赁卷，德彰 1895 年 8 月 16 日函，转引自《兴中会五杰》第 30 页）

　　9 月 16 日（七月廿八日）　刘寿（Lou Shou）让给孙眉一些零碎地段 3 亩至 160 亩，附有骡马牲口者，付价 1 500 元。（夏威夷公证登记局，1895 至 1899 年，茂宜，158 卷，第 51 页，让受者索引，转引自《兴中会五杰》第 35 页）

　　9 月 28 日（八月十日）　阿祥（Ah Cheong）让给孙眉在茄贺蕾地区六段地连同吉字标帜，付 1 500 元。（夏威夷公证登记局，1895 至 1899 年，茂宜，158 卷，第 53 页，让受者索引，转引自《兴中会五杰》第 35 页）

　　△　**秋**，在经济上大力支持孙中山策划筹备广州起义。

　　孙中山回忆："当日图广州之革命以资财资助者，固无几人也。所得助者，香港一二人出资数千，檀香山人出资数千，合共不过万余耳。而数年之经营，数省之联络，及于羊城失事时所发现之实迹，已非万余金所能办者，则人人皆知也。其余之财何自来乎？皆我兄及我所出也。"（《致吴稚晖函》，《孙中山全集》第 1 卷，第 420 页）

　　10 月 27 日（九月初十日）　因广州机关被破坏，广州起义流产，孙中山亡走香港，陆皓东等被捕。

　　△　广州起义失败后，孙中山遭到通缉，暂居香港的家人也甚为

翠亨村祖庙北极殿大铁钟。1895年孙眉等人捐资铸造。

翠亨村祖庙北极殿

危险。后同乡陆灿①护送到檀香山投靠孙眉。

陆灿回忆："当第一次起义准备就绪的时候，他（指孙中山——编者注）意识到任何差错都会危及家庭。他让他们离开翠亨村，搬到香港去②，希望他们能在英国租界地内安全生活。

孙老夫人抱怨他的儿子没做好事，害得他们离乡背井。他们在香港租住的房子并不像孙希望的那样秘密。第一次革命失败后，清廷特务要来搜查，幸而房主是个英国人，他要他们出示证件，否则不准搜查，并声称如搜查不出东西来，他要控告他们。特务们只好离去。

孙感到租界也不安全，因而把他们送到夏威夷孙眉那里去。"（《我所了解的孙逸仙》第 42～43 页）

广州起义失败后"孙博上捎话来叫我（即陆灿——编者注）去香港会见他。……他问我能否把他的妻子、母亲和三个孩子带到夏威夷去给孙眉抚养。他说他们在中国是不安全的。我立即答应并很快送他的家属去夏威夷。"（《我所了解的孙逸仙》第 18 页）

"记得一八九五～六年间，祖母、母亲、我和妹妹四个人在同乡

---

① 陆灿（Luke Chan）（1874～1952），又名"陆文灿"，字立本，号炳谦，别字逸生。广东香山县翠亨村人。1887 年到檀香山，毕业于洋拿贺学校。陆灿是兴中会员，又曾任檀山《自由新报》编辑。1912 年元月，偕孙科回上海，驻陆军分部，旋到南京总统府秘书处。孙中山解职，陆灿随同回粤。翌年，陆灿乃复回檀香山。曾六任中西扩论会主席、十任四大都会馆主席、十任夏威夷华人公所主席、十六任万那联义会馆书记，对于夏威夷华侨公共事业贡献良多。陆灿之父陆兰谷，据说曾在"茂宜孙眉公府上当中文教员"，广州起义失败后受连累而被囚六载，幸陆灿周旋得脱。（《檀山华侨》"闻人录"部分第 126 页）孙中山曾题赠"博爱"题词予陆兰谷，原件由陆皓东后人保管。

② 陆灿约撰于 20 世纪 30 年代的《孙中山公事略》则说，孙中山家人是起义失败后才迁居香港的。"公太夫人、夫人及其子女因公首次义举失败，不能安居于翠亨，遂迁居香港。一八九五年编者回华娶妻于翠亨村，复檀时并代他带家属来檀，与其兄长眉公同住。"陆灿的两种说法前后矛盾。而孙科的回忆则是"我在乡下出生一二年之后，因为父亲在澳门行医，因此我也就到了澳门，不久之后又随父母到了香港。"也就是说在广州起义之前，孙科已经和父亲孙中山、母亲卢慕贞等到了香港。（《孙哲生年谱》第 446 页）因此，广州起义前孙中山家人已先往香港当更可靠。

陆灿先生护送下从香港途经日本到檀香山。当时我们乘的并不是完全
的气船，称为火轮，虽然也有部分依靠机器的动力航驶，但仍兼张着
帆布，船重也只得三四千吨左右，从香港首航途经日本的长崎、神
户、横滨等港口，已耽误数十天，然后到火奴鲁鲁，历时共一个月。"
（陈鹤龄编辑：《孙哲生先生口述传记》，《孙哲生先生年谱》第 446
页）"船到横滨，陈少白先生下船安慰一番"。（陆灿：《孙中山公事
略》，约撰写于 20 世纪 30 年代，翠亨孙中山故居纪念馆藏原件）

11 月 2 日（九月十六日） 孙眉出让菇剌卡孖奥利牧场牛只 920
头给"根咸尔威廉益治"（William H.Cornwall）。（夏威夷公证登记
局，茂宜，1895 年，出让人索引，转引自《兴中会五杰》第 25 页）

11 月 7 日（九月廿一日） 陆皓东、朱贵全等人在刑讯后英勇
就义。

孙中山称陆皓东是"中国有史以来为共和革命而牺牲者之第一人
也"。（《孙中山全集》第 6 卷第 230 页）

11 月 13 日（九月廿七日） 孙中山到达日本横滨，旋组建兴中
会分会。（《孙中山年谱长编》上册，第 102 页）

11 月 20 日（十月初四日）以前 孙中山离开横滨赴檀香山。
（《孙中山年谱长编》上册，第 103 页）

△ 卖出茂宜岛上地产 7 起，另有 912 头牛只卖出。（夏威夷公
证登记局，1885 至 1903 年，茂宜，出让者索引卷，转引自《兴中会
五杰》第 34 页）

△ **是年至 1899 年**，先后卖出奥鸦湖岛地产 10 起。（夏威夷公
证登记局，1895 至 1899 年，奥鸦湖，出让者索引卷，转引自《兴中
会五杰》第 34 页）

1896 年 （清光绪二十二年 丙申） 四十二岁

△ **年初**，母亲杨氏、弟妇卢慕贞、侄儿孙科等到达檀香山，居
住在孙眉的牧场里。

郑照回忆，孙中山亲属"抵岸[①] 后，全体先在舍下暂住，旋迁往
茂宜岛眉公处，始得安居焉"。（郑照：《孙中山先生逸事》，《死虎余

———————

① 指檀香山火奴鲁鲁。

腥录》第 40 页）

　　"我们抵达檀香山后，先是投宿在一个朋友家里，不久伯母（即孙眉夫人谭氏——编者注）即从第二个大岛乘火轮来接我们到他的一个山边大牧场居住，时在一八九六年初。

　　……

　　"初到檀香山时，夏威夷岛只有一万余人，从火奴鲁鲁到伯母的牧场的交通只有靠海路。我们乘了一艘几百吨的小火轮，费了一天多时间才到达一个叫 Kall Hook 的小港码头，下船后改乘四～六匹马拖的马车又坐了五六个小时才到达牧场。当然那是人烟稀少，没有邻居的偏僻地方，但是牧场很大，占地达一千多英亩，除饲养马、牛、羊以外，平地还种植了马铃薯、玉米等农作物。当时在农庄里不但没有自来水，而且凿了几百尺深的井也没有水，因此日常的饮食农牧都唯有仰赖雨水，所以在屋顶山都用马口铁接存雨水，然后将雨水存放在一个很大的蓄水池里使用。

　　……

　　"当年伯父经营的农牧场曾雇用了几十个人，其中有华侨，也有土人，因此每餐饭都有十几二十个人，所以每隔十天八天都要宰一头猪或羊。当然吃不完的肉都要腌起来，当时也没有电，因此夜间的照明只好用火水灯。

　　……

　　"不过我还记得从前这个农庄是靠近一座一万多英尺高的死火山底下的，虽然到山顶上还有四五千英尺，但气候也相当寒冷。"（陈鹤龄编辑：《孙哲生先生口述传记》，《孙哲生先生年谱》第 446～448 页）

△与郑氏昆仲（郑金①、郑照②）、简永照③ 等人结拜，并同向郑照母祝寿。

郑照回忆，"一日，侨商黄桂（字香谷，后为副领事）在家请客，同席者除主人外，有简吉堂、孙眉公、先兄、中山先生及我五人。席间，眉公指同席诸人对先生云：近年因革命事，家产几尽，经济支绌，幸得座上各位慷慨帮助，仗义疏财，至所感激，当认为兄弟之亲云云。其中以吉堂兄独立接济眉公者为尤力。中山先生续云：'得各位如此侠义为怀，真是万分感激，即与各位订为兄弟，永结骨肉同胞之亲。'乃即席起立郑重向众人敬酒一杯。众人欢笑和议，因各序年龄，以黄居长，简次之，眉公第三，先兄居四，先生是五哥，而我则小弟弟也。……是日，适为家母六十一岁寿辰，兄弟六人同离黄宅而到隔邻舍下称觞祝寿"。④（郑照：《孙中山先生逸事》，《死虎余腥录》，第 41 页）

△ 孙中山既抵檀香山，与家人会聚，在该埠及各岛活动，以期发展组织。

孙中山"旋赴檀岛晤德彰商再举计画，德彰慰勉有加，且属勿馁初志。……德彰语总理，谓在檀同志新遭失败，人怀懊丧，筹款宜徐图机会，此时应先向他处发展，乃易为力。总理深以为然，因有美洲及英国之行"。（《孙眉公事略》，《革命逸史》第 2 集，第 3 页）

△ 孙中山遍游周围各岛，宣传革命。募集军费，诸同志皆无以应之。后闻美洲大陆多华侨，可资联络，遂决计赴美。（《孙中山年谱长编》上册，第 105 页）

---

① 郑金（Chang Kim）（1865～1914），广东宝安县（今深圳市）人。檀香山华侨，孙中山在意奥兰尼学校读书时同学。在兴中会成立会议上被选为理事。参与兴中会组织的军事训练。1895 年回国参加广州起义。后回到檀香山，担任 Ashford & Ashford 律师事务所律师。

② 郑照（Chang Chau）（1875～1959），字有章，广东宝安县（今深圳市）人。郑金的弟弟，夏威夷岛出生。檀香山兴中会首批会员，与刘登专任招揽会员及筹募义捐等工作。生平见冯自由《老兴中会员郑照事略》。（《革命逸史》第 6 集）

③ 简永照，字吉堂，广东中山县人，檀香山华侨，兴中会会员。1921 年回广东，曾任总统府参议。

④ 《革命逸史》第 6 集第 6 页亦载此事。

6月中旬（五月上旬）　在孙眉等的建议下，孙中山赴美国旧金山进行革命活动。

"总理留檀半载，多方活动，均难收效。乃兄德彰及何宽等均谓当此新败之余，人心咸怀疑惧，在檀进行，徒费心力。美洲华侨较众，当有可为，宜改从新方面入手等语。总理从之，遂于丙申夏六月首途渡美。"（《中国革命运动二十六年组织史》第 26 页）

10月初　孙眉牧场所种植咖啡树因旱灾，枯坏过半。

"菇刺唯一咖啡种植者阿眉，近日遭逢最不幸，因最近的旱灾，致种在他园地上的一万一千七百株咖啡树，枯坏及半。"（《火奴鲁鲁商业广告人报》1896 年 10 月 5 日，转引自《兴中会五杰》第 27 页）

10月　孙中山被清驻英公使馆诱入囚禁，后经康德黎、孟生等全力营救获释。

11月12日（十月初八日）　孙中山次女孙婉①出生。（《翠亨孙氏达成祖家谱》第 22 页）

△　1896～1907 年，孙中山的家属一直住在孙眉的库拉牧场。（《孙中山在夏威夷：活动和追随者》第 31 页）

"眉公在茂宜岛畜牧，又设店于架贺雷埠，稍有余资，建筑大厦，俾其母、弟妇、二侄女及其侄孙科居住。"（陆灿：《孙中山公事略》）

△　冬，翠亨村重修祖庙北极殿，孙眉捐资三十元。（《四修翠亨祖庙碑记》，翠亨孙中山故居纪念馆馆藏原件）

△　夏威夷政府编列孙眉为牧场主、养牛者及咖啡种植者。（《兴中会五杰》第 27 页）

△　卖出茂宜岛地产 5 起。（夏威夷公证登记局，1885 至 1903 年，茂宜岛，出让者索引卷，转引自《兴中会五杰》第 34 页）

---

①　孙婉（1896～1979），孙中山次女，生于檀香山。1907 年，随母迁居香港九龙牛池湾。1910 年与母赴马来西亚跟父亲团聚，后随父访沪、鄂、闽、粤等地。同年 7 月，与兄孙科、姐孙娫同赴美国求学。1915 年与王伯秋在美国结婚，生女王缨蕙、子王弘之，后离异，随母定居澳门。1921 年 3 月与戴恩赛在澳门结婚，婚后生子戴永丰，女戴成功。1979 年 6 月 10 日，孙婉在澳门镜湖医院病逝，葬于澳门凼仔孝思永远墓园。1989 年 4 月 15 日，迁葬于香港华人基督教会薄扶林道坟场中路右 34 级戴家墓地与戴恩赛合葬。

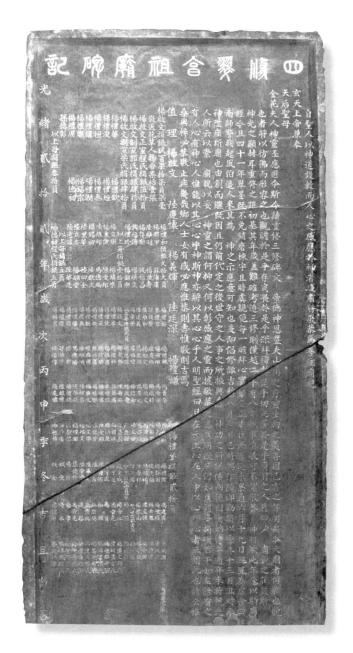

1896年冬，翠亨村重修祖庙北极殿，孙眉（孙德彰）捐资三十元。图为记录此次重修的"四修翠亨祖庙碑记"。

　　△　是年，据统计檀香山华侨共有 21 609 人，其中有实业者 195
人，批地建屋出赁者 758 人。（《檀山华侨》第 1 集"檀山华侨"部分
第 5 页）

1897 年　（清光绪二十三年　丁酉）　四十三岁
　　△　让受土地 8 段。（《兴中会五杰》第 26 页）
　　△　卖出茂宜岛地产 12 起。（夏威夷公证登记局，1885 至 1903
年，茂宜岛，出让者索引卷，转引自《兴中会五杰》第 34 页）

1898 年　（清光绪二十四年　戊戌）　四十四岁
　　6 月 11 日（四月廿三日）　清光绪帝下诏锐意变法图强，史称
"戊戌维新"。
　　8 月 12 日（六月廿五日）　夏威夷与美国合并，在火奴鲁鲁举行
合并仪式，全埠工商休业。（《兴中会五杰》第 25 页）此后禁止华工
入境之例，悉照美国执行。华人之来檀香山，从此感受困难矣。（《檀
山华侨》第 2 集"檀山华侨"部分第 1 页）
　　9 月 21 日（八月初六日）　慈禧太后临朝听政，维新变法失败；
康有为、梁启超等走避香港和日本，史称"戊戌政变"。
　　△　在茂宜岛开办私塾。
　　孙科忆述到了茂宜岛后先由母亲卢慕贞教授读书和临帖，两三年
后，"伯父才到火奴鲁鲁请了一位三四十岁的老师来，他是香山靠近
新会的人，姓黄，名端祥，号静湖，他到山上以后，我已七八岁了，
伯父还邀集附近华侨的小孩子来，大概有十几个人开了一间私塾，伯
父就在距离农庄一里多远的地方盖了一幢木房子，里面分成两间，一
间给他住，另一间作为课堂。"黄先生教的都是四书五经一类的中国古
书，孙科在这个私塾大约读了四五年之久。（陈鹤龄编辑：《孙哲生先
生口述传记》，《孙哲生先生年谱》第 447~448 页）
　　据陆基所知，孙眉所设私塾中的学生还有郑照儿子爱迪、谭斗之
半土人子谭东生、孙昌、孙威、郑贵恩等。（宋谭秀红：《陆基访问
记》，转引自《兴中会五杰》第 28 页）
　　据郑贵恩回忆：常见眉公巡视如督课，间亦留邻童进食，或赠瓜果
带回家门。（林为栋：《郑贵恩访问记》，《檀山中华新报》（1984.9.4），

转引自《兴中会五杰》第 28 页）

△　驻美公使伍廷芳通过孙眉，两广总督署通过刘学询，以高官厚禄诱孙中山归顺，均为孙中山所坚拒。（邓慕韩：《孙中山先生传记》，转引自《孙中山年谱长编》上册第 170 页）

△　是年及 1899 年，孙眉共让受土地 6 段。（《兴中会五杰》第 26 页）卖出茂宜岛地产 3 起。（夏威夷公证登记局，1885～1903 年，茂宜岛，出让者索引卷，转引自《兴中会五杰》第 34～35 页）

△　清政府在檀香山特设领事，遣派浙江同知杨蔚彬（即杨西岩）任其职。（《设置领事时代》，《檀山华侨》第 1 集"檀山华侨"部分第 1 页）

△　**是年**，据统计檀香山有华人 27 817 人。（《檀香山历史协会之〈华人入檀件事〉》，《檀山华侨》第 1 集"檀山华侨"部分第 4 页）

1899 年　（清光绪二十五年　己亥）　四十五岁

6 月　康有为在加拿大成立保皇党。

12 月 19 日（十一月十七日）　梁启超离开东京赴檀香山，出行前孙中山为之作函介绍与孙眉等。

"己亥年（1899）总理以康徒梁启超、韩文举、欧榘甲等渐赞成革命，往还颇密，因有联合组党之举。事为康有为所知，立派门人叶觉迈携款赴日本，勒令启超即赴檀岛开办保皇会。启超不得已遵命赴檀，濒行约总理共商国事，矢言合作到底，以檀岛为兴中会发源地，力托总理为介绍同志。总理坦然不疑，乃作书为介绍于德彰及诸友。"（《孙眉公事略》，《革命逸史》第 2 集，第 3 页）

12 月 31 日（十一月廿九日）　梁启超抵檀香山。（丁文江、赵丰田编：《梁启超年谱长编》，上海人民出版社 1983 年 8 月版，第 188 页）

△　茂宜岛英文报纸 *Maui News* 创刊。（《新闻纸·茂宜岛》，《檀山华侨》第 1 集"檀香山"部分第 56 页）

1900 年　（清光绪二十六年　庚子）　四十六岁

1 月 20 日（己亥年十二月廿日）　檀香山火奴鲁鲁华埠发生第二次大火。

第二次火烧华埠，是因防疫而起。于 1899 年 12 月 16 日起，便封闭华埠。12 月 31 日起开始焚烧发现病人的房屋和店铺。最后一次焚烧在十五区，1900 年 1 月 20 日上午 9 点，檀香山保生局预备救火车数架，然后放火焚烧一座二层木屋，孰料东风大作，其他邻近房屋亦被殃及。下午两点半全埠被火。灾民扶老携幼，哭声震天，但军队严守京街口，不许出区。清政府驻檀领事杨蔚彬亲率灾民千余人冲锋而出，故不致有烧毙华侨一人。是役华埠连烧两日之久，火烧面积广达三十七英亩。（《檀山华侨》第 1 集"檀山华侨"部分第 10 页）

1 月 25 日（己亥年十二月廿五日）　兴中会机关报《中国日报》①发刊，应孙中山来信要求曾多次汇款相助。（《孙眉公事略》，《革命逸史》第 2 集，第 8 页）

2 月 10 日（一月十一日）　梁启超致函孙中山谈在檀岛事。

梁启超抵檀后，致函孙中山："逸仙仁兄足下：弟于十二月卅一日抵檀，今已十日，此间同志大约皆已会见，李昌兄诚深沉可以共大事者，黄亮、卓海、何宽、李禄、郑金皆热心人也。同人相见皆问兄起居，备致殷勤。弟与李昌略述兄近日所布置各事，甚为欣慰。令兄在他埠，因此埠有疫症，彼此不许通往来，故至今尚未得见。然已彼此通信问候矣。弟此来不无从权办理之事，但兄须谅弟所处之境遇，望勿怪之。要之，我辈既已订交，他日共天下事，必无分歧之理，弟日夜无时不焦念此事。兄但假以时日，弟必有调停之善法也。匆匆白数语，余容续布。此请大安。弟名心叩。一月十一日。"（据影印原函，冯自由：《中华民国开国前革命史》上编，良友印刷公司 1928 年版，第 47 页）

---

① 该报由陈少白主编兼任发刊人，分日报、旬报两种，统称为《中国报》。

△ **年初**，在茂宜岛接待梁启超，受骗加入保皇会①；命儿子孙昌、侄孙科拜梁启超为师，并命孙昌随梁启超赴日求学。

梁启超抵檀后，"旋赴茂宜岛访德彰及其戚属杨文纳、谭允等，德彰招待优渥，且令其子阿昌执弟子礼，复导启超乘马遍游牧场，经日始毕。启超惊其规模之伟大，抚德彰背曰：人称君为茂宜王，今乃知为名不虚传。德彰闻之大乐。启超乘便渐以组织保皇会之说进，谓名为保皇，实则革命，与令弟之宗旨实殊途同归。德彰人素戆直，且误为预得总理同意，遂允竭力助其成事。故在檀旧兴中会员李昌、黄亮、钟木贤② 等亦同入彀中，前后捐助汉口起事军饷逾华银十万元。德彰更令其子阿昌随启超至日负笈于康徒所设之大同学校。"（《孙眉公事略》，《革命逸史》第 2 集，第 4 页）

"在一八九九年，我八岁时，梁启超赴火奴鲁鲁，先伯（即孙眉——编者注）曾迎至农庄小住数星期。当时先伯即令其长子拜梁先生为师，同时也要我拜梁先生为师，并且依古礼叩头成礼，但后来并未因拜师而真正授业。"（陈鹤龄编辑：《孙哲生先生口述传记》，《孙哲生先生年谱》第 458～459 页）

3月，檀香山保皇党报纸《新中国报》创刊，梁启超主笔政。（《保皇党在檀小史》，《檀山华侨》第 1 集 "檀山华侨" 部分第 35 页）

---

① 孙眉及檀香山旧兴中会员受惑，一则因有孙中山介绍，二则 "己亥年秋冬间，檀岛疫疠盛行，当地政府乃火焚疫疠区，以杜传染，居民多被驱逐市外。华侨以财产损失不赀，咸怨恨祖国政府之保护不力。启超抵至檀时，距火焚华埠事未远，闻者惑于拥护清帝变法维新，足以保护海外侨民权利之说，以为起兵勤王一途，实较革命排满为事半功倍，故启超之倡设保皇会，多踊跃参加，而旧兴中会员尤称得力，德彰亦其中之一人也"。（《孙眉公事略》，《革命逸史》第 2 集第 6 页）另据孙科回忆："梁先生在〈茂宜〉农庄时从未提及保皇会事，离开后即组织该会，先伯因不明个中原由，即写信到日本问总理，后来经他说明系受到康有为的压迫促使的。"（陈鹤龄编辑：《孙哲生先生口述传记》，《孙哲生先生年谱》第 458～459 页）

② 钟木贤（Harry A.heen）（？～1922），又名钟国柱、钟水养，广东五华县西河王化村人。17 岁赴檀香山，先在茂宜岛从事耕作。后成为檀香山华侨社会的最富领袖之一，曾担任檀香山洪门国安会馆主席。（《孙逸仙的洪门舅父》，《兴中会五杰》第 87～99 页）

4 月，美国国会通过一项法案，规定居住在夏威夷属地的中国人需要申请居留证。（陈翰笙主编：《华工出国史料汇编》第 7 辑，第 6 页）

4 月，梁启超致信叶觉迈、麦孟华，要其注意孙中山的行动，"行者（指孙中山——编者注）之局，弟终疑之。兄等既与交疏，自不能得其底蕴，望仍遣人查察之。"并说"行者党来投诚者，真投诚也。其头目未投诚，而其兄（指孙眉——编者注）反来从，亦怪事也。"（丁文江、赵丰田编：《梁启超年谱长编》，第 215 页）

△　孙中山在日闻孙眉等檀香山兴中会员受惑加入保皇会，驰书责问。

"总理在日闻之，乃持书责启超失信背义，并劝德彰及诸友勿为所愚。然德彰及在檀兴中会员受毒已深，久未觉悟，其后孙昌至日留学虽由总理代管学费，然仍申父命，与檀侨子弟罗昌（罗登桂之子）、何望（何蕙珍女士之弟）、梁文贤（梁荫南之弟）等同肄业东京大同学校，总理亦不能禁之也。"（《孙眉公事略》，《革命逸史》第 2 集，第 4 页）

6 月 14 日（五月十八日）　美国政府设立檀香山邮政总局于火奴鲁鲁毕吐炉街。（《交通·置邮溯源》，《檀山华侨》第 1 集 "檀香山"部分第 42 页）

8 月 1 日（七月七日）　梁启超致函孙眉备陈筹款保皇各事。

"孙眉仁兄同志阁下：拜别以来，忽经旬日，每念厚谊，未尝或忘。近日北京事益急，各国西报日日扬言必当救皇上废西后，而唐山来书，南方预备既足，亦指日起事，此诚今日最大机会也。弟因现时外交之事甚要，欲急往美，本拟十号搭阿士梯耶前往，因太急不能得船位，而昨日多力船来，接有香港、星加坡① 两电，皆催弟即刻回唐，又别有一电催会项也。弟现尚未定行止，然弟意究以往美为要，因唐山事有弟不为多，无弟不为少，美国事则为弟就近前往乃可也。故现时仍往美为多。阿昌随行之意既决，望阁下即遣其克日前来大埠，以便同往。弟约在二十号之船必启行矣。今日得接德初兄来书，内附阁下所惠隆仪五十元，谢谢！阁下尊为公事，既已如此出力，复多所馈赠，于弟诚不敢当也。本月四号大埠本会请酒，集者百三十余

---

①　星架坡，即新加坡。下同。

人，道威值理数名皆到，是日共加捐六千余金，今日钟木贤、黄亮又各加捐三千元。（四号之席两位已各加捐千元）可谓踊跃之至。人心如此，大事何患不成？望告各同志即将汇款迅速收集，急需汇归，以应急需，是所切盼。此请义安！弟启超顿首。七月七号。太夫人尊前望代弟请安！杨纳① 兄、谭允兄处望代传电问候。"（据影印原函，冯自由：《中华民国开国前革命史》上编，第49页）

8月11日（七月十七号） 梁启超再度致函孙眉谈筹款各事。

"孙眉仁兄同志：孙昌到埠得接手书，欣悉一切。弟本定拟搭二十号之船往金山，乃于本日唐山金山船同时到埠，接有星加坡电文两封，上海、香港、日本信函多件，皆催弟即日归国办事，不可少延贻误。弟看此情形，必是起义在即，有用着弟之处，再四筹度不能不改而东归，决于明日搭日本丸东返矣。弟此行归去，必见逸仙，随机应变，务求其合，不令其分，弟自问必能做到也。至弟既东行，行踪无定，所有阿昌相随之议，似可作罢论，盖东方无甚可开见识之事，而阿昌现当就学之年，似仍当令其入书馆，胜于东归也。此子循良，弟甚爱之，望其勉学成就，他日共事之日正长也。至于令侄及各同志捐项，仍望赶收赶汇，因唐山急催弟归，其事机之急可知，其需款之急可知矣。匆匆手此告别，即请义安！杨纳、谭允诸兄望打钢线②代弟问好告别。弟启超顿首。七月十七日。"（据影印原函，《中华民国开国前革命史》上编，第50页）

8月14日（七月廿日） 八国联军攻陷天津、北京，慈禧太后和光绪皇帝仓皇离京往西安。

10月 孙中山命郑士良等在广东惠州三洲田发动起义。

△ **是年**，据统计檀香山有华人约23 500人。其中茂宜岛剌轩拿埠（Lahaina）华侨有2 217人，位碌古埠（Wailuku）有华侨1 295人。（《三十年前檀山华侨概况志》，《檀山华侨》第1集"檀山华侨"部分第4、6页）

△ **是年至1903年**，孙眉转让股权共达65宗。（夏威夷公证登记局，1885至1903年，茂宜岛，出让者索引卷，转引自《兴中会五

---

① 杨纳，即孙眉母舅杨文纳。

② "打钢线"，即打电话。

1900年8月1日，梁启超致孙小眉函。

1900年8月11日，梁启超致孙眉函。

杰》第 35 页）

1901 年　（清光绪二十七年　辛丑）　四十七岁

4 月 9 日（二月二十一日）　孙中山乘"日本丸"号轮船由横滨赴檀香山。

"据说该人在檀香山与其妻子会面后，由该处去新加坡。预定两三月后回日本。"（日本外务省档案，明治 34 年 4 月 9 日神奈川县报，秘甲第 109 号）时孙中山家人居于茂宜岛孙眉牧场。

孙中山与孙眉及在檀家人合影一张。孙眉并把此合照寄送一张回乡给外甥杨庆聪，照片后题："全家乐相一幅，送外甥杨庆聪收入。孙眉付。"（翠亨孙中山故居纪念馆藏照片原件）

在檀期间，孙中山发现檀香山兴中会阵地渐被保皇派骗夺。

6 月 5 日（四月十九日）　孙中山乘"亚美利加"号轮船离开檀香山赴日本。（日本外务省档案，明治 34 年 6 月 11 日神奈川县报，秘甲第 193 号）

△　认清保皇党之真面目，召回在日读书的儿子孙昌。

"及庚子（1900）后，康梁师徒敛财之真相，逐渐暴露，信用日见消失，于是在檀之旧兴中会员，多深悔前误，颇有以总理前此介绍非人为辞者。阿昌在日本一年，德彰即召之回檀，旋遣赴美国加省习医。"（《孙眉公事略》，《革命逸史》第 2 集，第 6 页）

△　让受土地 6 段。（《兴中会五杰》第 26 页）

△　孙科于私塾毕业后，离开孙眉牧场，入位于位禄库（Wailuku）由罗马天主教所办的圣·安东尼学校攻读。（《孙哲生先生年谱》第 13 页）

1902 年　（清光绪二十八年　壬寅）　四十八岁

1903 年　（清光绪二十九年　癸卯）　四十九岁

8 月 1 日（六月初九日）　孙中山致函宫崎寅藏，告将赴檀香山

　　1901年4月，孙眉、孙中山及家人在檀香山相聚，拍下了这幅照片。孙眉寄一张给外甥杨庆聪留念。中坐者为孙母杨氏，后排左起：月红（侍女）、孙眉夫人谭氏、孙威（孙眉养子）、孙眉、孙中山、卢慕贞（孙中山元配夫人）、孙顺霞（孙眉养女）、新兰（侍女），前排三小孩，左起：孙科（孙中山独子）、孙婉（孙中山次女）、孙娫（孙中山长女）。

　　孙眉在照片背面的题字："全家乐相一幅，送外甥杨庆聪收入。孙眉付"。

省亲。信云："弟游南洋各地，尚无甚大作，故欲往布哇[①] 以省亲旧，顺道经过日本也。"（《致宫崎寅藏函》，《孙中山全集》第 1 卷第 218 页）

9 月 26 日（八月初六日）　孙中山离开日本赴檀香山。（《孙中山年谱长编》上册，第 294 页）

10 月 5 日（八月十五日）　孙中山抵檀香山，与保皇派展开斗争。

因梁启超等的破坏，檀香山兴中会阵地几乎尽为保皇党所夺，始终不变者，仅郑金、郑照、李昌、程蔚南、许直臣、何宽、李安邦等十余人，且怯于保皇会声势，莫敢或抗，惟缄口结舌，以待孙中山重来。孙中山睹此情形，大有今非昔比之感。（《孙总理癸卯游美补述》，《革命逸史》第 2 集第 93 页）深悔"向来专心致志于兴师一事，未暇谋及海外之运动，遂使保皇纵横如此，亦咎有不能辞也"。（《复黄宗仰函》，《孙中山全集》第 1 卷第 230 页）"（保皇党）新中国报对总理所主张大肆排击，总理乃假旧兴中会员程蔚南所设檀山新报，亲撰论文以驳斥之，革命党势因之复振。"（《孙眉公事略》，《革命逸史》第 2 集，第 6 页）

　△　鼓励孙中山应始终一贯，进行革命。

孙中山抵檀后，"旋往茂宜岛与家人团聚，旧时亲友以总理深谙医术，每有疾病，辄就之求诊，总理初以此道荒疏为辞却之。德彰谓既是医生，毋庸固执。总理遵命行之，就诊者莫不着手回春，众咸惊为神奇。其母杨太夫人语总理曰：革命目的在救人，行医目的亦在救人，第是救人，何必东奔西跑，自寻烦恼？德彰曰：行医只能救少数人，革命则能救多数人，吾弟奔走革命多年，自应始终一贯，岂可轻易变更，前功尽弃。闻者咸奉为至言"。（冯自由：《孙眉公事略》，《革命逸史》第 2 集，第 6 页）

　△　与母舅杨文纳劝说孙中山为在美开展革命方便，加入洪门致公堂，领取夏威夷土生证书。

孙中山前往茂宜岛谒其母及兄孙眉，"其母舅杨文纳以总理丙申

---

　①　布哇，即檀香山，"布哇"是日本人对檀香山的惯称。（《檀山华侨》第 1 集"檀香山"部分第 1 页）

年（1896）第一次游美，成绩不佳，实由缺乏同志相助，因力劝总理在檀加入洪门会党，加强革命党之势力。且谓现时保皇党机关林立于美洲各埠，倘不与洪门人士合作，势难与之抗衡。尤可虑者，在檀康徒陈仪侃等挟近来两报笔战之嫌，难免设法运动美国关员妨阻登陆，故宜取得一夏威夷土生证书，以备不虞等语。德彰亦以为然。总理久有参加洪门之心，对此毫无异议，惟于取用土生证书一节，颇以为不当。文纳谓'古人成大事者多能通权达变，如伍员外乔装出关，孔子微服过宋，皆是此意。此举以救国为目的，何必拘泥'云云。总理卒从其言"。（冯自由：《孙总理癸卯游美补述》，《革命逸史》第2集，第101～102页）

11月 孙中山前往希炉（Hilo）①，组织中华革命军。（《革命逸史》第4集，第20～21页）

12月13日（十月二十五日） 孙中山连续在火奴鲁鲁荷梯釐街戏院（Hotel Street Theater）和利利霞街（Liliha.Street）演说，宣传革命，反对保皇。又改组《檀山新报》，发表《敬告同乡书》（《孙中山年谱长编》上册，第298、300页）

△ **是年及1904年**，孙眉让受土地共3段。（夏威夷公证登记局记录，转引自《兴中会五杰》第26页）

1904年（**清光绪三十年　甲辰**）　五十岁

1月11日（癸卯年十一月廿四日） 孙中山在檀香山国安会馆加入洪门，受"洪棍"之职，入会保荐人是钟木贤。（《孙中山在夏威夷：活动和追随者》第57～58页）

"（杨文纳、孙眉等）遂挽洪门前辈叔父钟水养向洪门致公堂介绍入闱，……同时拜盟者六十余人，由主盟员某大佬封总理为洪棍。"（冯自由：《孙总理癸卯游美补述》，《革命逸史》第2集，第101～102页）"及抵旧金山，保皇党徒竟勾结美国关员阻其登岸，赖旧金山致公总堂干事黄三德、唐琼昌等仗义代延律师向美政府抗争，始获安然入境。事后人咸佩德彰、文纳之有先见之明焉。"（《孙眉公事略》，

---

① 希炉（Hilo），夏威夷岛上的主要市镇之一。（《檀香山·地理·名称》，《檀山华侨》第1集"檀香山"部分第1页。）

《革命逸史》第2集第7页）

　　1月（癸卯年十二月）　孙中山在檀香山组织中华革命军。在《檀山新报》发表《驳保皇报书》。(《孙中山年谱长编》上册，304页）

　　3月9日（正月二十三日）　在杨文纳、孙眉等的劝说下，孙中山宣誓领取了檀香山出生证。(《孙中山年谱长编》上册，第307页）

　　"乃由德彰转托老年同乡数人，向茂宜岛当局代为证明，并取得此项证书为入美登岸之需。"(《孙总理癸卯游美补述》，《革命逸史》第2集，第101页）

孙中山佯称在檀香山出生的声明：

　　"夏威夷疆省柯湖（Oahu）岛

　　成年人第二十五号

　　本人孙逸仙，先经宣誓后，兹作证称：凭我所知和所信，我乃于一八七○年十一月二十四日在柯湖岛衣华（Ewa）镇之位问奴（Waimanu）地方诞生。我是一名医生，现在茂宜（Maui）岛的姑剌（Kula）地方行医，我家住在姑剌。我父亲孙达成于一八七四年前往中国，约八年后在那里逝世。本人作此誓词，旨在证明我的身份；并提供我出生于夏威夷的进一步证据，所附照片为本人最近肖像。

　　　　　　　　　　　　　　　　　　　　孙逸仙（签名）

　　以上证词于一九○四年三月九日我在场时签字和宣誓。

　　　　　　　　　　　　　夏威夷疆省第一司法巡回处公证人

　　　　　　　　　　　　　　　　　　　　凯特·盖利（签名）

　　　　　　　　　　　　　　　　　　　　（加盖公章）"

　　(《檀香山出生证》，《孙中山全集》第1卷，第239页）

　　3月13日（正月廿七日）　孙中山在法院宣誓后领到美国岛居人民所持之护照。(托马斯·威廉·甘事桥：《1922年以前孙逸仙与美国关系之研究》，第27页，转引自《孙中山年谱长编》上册，第307页）

1904年，孙中山（左）与侄子孙昌在檀香山合影。

3 月 31 日（二月十五日）　赠龙涎香一支供孙中山赴美活动不时之需①。

孙中山乘"高丽"（S.S.Korea）号邮船离开檀香山赴旧金山，"总理于是冬美国之行，德彰不能多所供应。濒行除给予少数川资外，另赐龙涎香一支，备旅途不时之需"。（《孙眉公事略》，《革命逸史》第 2 集第 6～7 页）此行川资由李安邦②负担。（《孙中山年谱长编》上册，第 308 页）

4 月 6 日（二月二十一日）　孙中山抵旧金山被美国移民局拘禁。经黄三德等奔走，始获准入境。（《孙中山年谱长编》上册，第 308 页）

4 月，美国国会通过立法，无限期延长所有现存排华法案，并适用于美国所属所有岛屿。（《华工出国史料汇编》第 7 辑，第 6 页）

△　经济状况大不如前。

"惟德彰是时之经济状况，已大不若前此之丰裕，盖美国治檀后，对于各岛农牧租地条例施以种种限制，茂宜牧场收入远不如前。"（《孙眉公事略》，《革命逸史》第 2 集第 6～7 页）

1905 年　（清光绪三十一年　乙巳）　五十一岁

8 月 20 日（七月廿日）　中国同盟会在日本东京成立，孙中山被推选为总理。

△　孙科毕业于圣·安东尼学校。（《孙哲生先生年谱》第 16 页）

△　**1904～1905 年间**，夏威夷政府改订租地年限条例，按新章对原租地者极为不利。为此，孙眉延请律师抗争③。（《孙眉公事略》，《革命逸史》第 2 集第 7 页）

△　经济日窘，不少债务由郑照代为偿还。

---

①　孙中山至纽约后，经济困顿，"时总理困苦殊甚，出一矿质黄色药物名龙涎香，重约数镑，谓得自檀香山，价可值美金三千，令出而货之，卒不得值而归。"此待售之龙涎香当即孙眉所赠。（王宠惠：《追怀总理述略》，《死虎余腥录》第 43 页）

②　李安邦（1873～1940），广东香山县隆都岚田村（今中山市大涌镇岚田村）人。檀香山华侨，兴中会员。

③　《兴中会五杰》认为此说疑点甚多，孙眉所争者可能是 1909 年以后的续租权。见该书第 32～33 页。

"民前六七年乙巳丙午间，孙德彰以历年协助国父革命，茂宜岛农牧场之资本日渐短缺，同时夏威夷政府修改租地年限条例，依新章于旧租地者极为不利，德彰数延律师抗辩无效，以此损失不赀，未几多年代理茂宜岛农牧场经售牲畜菜蔬之檀埠永雄源商号① 亦以来源不继，拒绝交易，德彰由是负债累累，届期债务多由〈郑〉照仗义代为偿付。"（《老兴中会员郑照事略》，《革命逸史》第 6 集，中华书局1981 年 7 月版，第 7 页）

1906 年　（清光绪三十二年　丙午）　五十二岁

5 月 12 日（四月十九日）　长孙孙满② 出生。（《翠亨孙氏达成祖家谱》第 25 页）

8 月 17 日（六月廿八日）　夏威夷联邦区法庭正式宣布孙眉破产。

"在一九〇六年八月六日夏威夷疆省茂宜岛卡孖奥利孙阿眉，已经疆省夏威夷之联邦区法庭适当判决破产，并于一九〇六年九月廿七日任命理察·H. 杜伦特（Richard H. Trent）充任前述破产之财产托权人。"（夏威夷公证登记局，1906，奥鸦湖，315 卷，391 页，让受者索引。转引自《兴中会五杰》第 36 页）

"在火奴鲁鲁所述区内，于一九〇六年八月十七日茂宜岛菇刺卡孖奥利孙阿眉向所述破产法庭陈述，谓依有关破产之国会立法意旨和内容，他已被判决破产，业经听审及适当考虑，孙阿眉于此宣布判决

---

① 永雄源商号，是华侨程就创立的商号，主要经销中国食品杂货。程就（1877～1953），广东香山县四大都亨尾乡（今中山市南朗镇亨尾村）人，1892 年到檀香山，曾任四大都会馆总理、共和银行董事、中山学校管库、华文学校总理兼管库等。

② 孙满（1906～2001）字名誉，号贵华，孙昌长子。1906 年 5 月 12 日出生于美国奥克兰。因父母早亡，由孙中山抚养。先后就读于广州培正学校及上海复旦大学。历任民国政府铁道部专员、中央信托局专员、广东西村士敏土厂经理等职。1949 年迁居香港。1965 年迁居台湾。1987 移居美国加利福尼亚州洛杉矶。2001 年 1 月 28 日（当地时间）在加利福尼亚州洛杉矶病逝，葬于洛杉矶市郊玫瑰园。孙满与妻伍月娥（后离异）生女绍如、丽贤、爱娜，子元（8 个月病故）；与梁佩珩生子杰；后娶妻孙妙娟，生女雅丽。

破产。"判决书签名：区法庭法官新福特·B.杜尔（Sandford B.Dole）。（夏威夷公证登记局，1906，奥鸦湖，284 卷，437 页，出让人索引。转引自《兴中会五杰》第 36 页）

孙科回忆，孙眉破产是因为孙眉每次革命都捐款很多，"至一九〇九年，农庄向银行的贷款已无力偿还，先伯遂将农庄拍卖，了清债务"。（《孙哲生先生年谱》第 458 页）

△　孙眉宣布破产后到 1909 年，依夏威夷公证登记局的出让人索引记载，尚有 11 批地权出售，但已不是他所能过问，而由法官或法庭的执达吏所办理了。（夏威夷公证登记局，1906 至 1909，茂宜，出让人索引。转引自《兴中会五杰》第 36 页）

△　孙科考入檀香山圣·路易士学院（St.Louis College）。（《孙哲生先生年谱》第 17 页）

1907 年　（清光绪三十三年　丁未）　五十三岁

5 月 22 日（四月十一日）　革命党人余既成等在广东饶平黄冈发动起义。

6 月 2 日（四月廿二日）　邓子瑜等在广东惠州七女湖发动起义。

△　春夏间，从夏威夷奉母杨太夫人及弟妇卢慕贞等赴香港，初寓中国报社，由冯自由招待一切。

一同离檀者还有郑仲，郑仲"以牧场等已变卖资助革命，在檀岛物业萧条；加以年事渐高，更有思乡之意，乃与孙眉一起回国"。（郑炳芳、郑照：《他与孙中山结拜金兰之交——回忆先父兴中会员郑仲》，《珠海文史》第 8 辑，第 55 页）

△　孙眉夫人谭氏仍留在茂宜，处理剩余的财产。（《孙中山在夏威夷：活动和追随者》第 37 页）侄孙科留在火奴鲁鲁，依靠半工半读维持学业。（陈鹤龄编辑：《孙哲生先生口述传记》，《孙哲生先生年谱》第 450、458 页）

"这位谭氏夫人真了不起，她对有她作合伙人的孙眉财产，任由丈夫尽献于革命，而不阻止，已非一般妇人之所能，最后还替丈夫保留后路，由她签名管有不少物业，使不在孙眉破产范围之内。后来才由她经手，把她签署的财产卖出去，使孙家不至于空无所有。"（《兴中会五杰》第 36～37 页）

△ **春夏之交** 协助革命党人居正[①] 转赴新加坡。

"逊清光绪三十三年丁未春夏之交，余（指居正——编者注）从河口之役中途失败，即由香港荷总理令兄眉公导引，云南何畏[②] 同志资助，买舟向新加坡亡命。"（居正：《中兴与光华》，罗福惠、萧怡编《居正文集》上册，华中师范大学出版社 1989 年 10 月版，第 197 页）

9 月 8 日（八月一日） 与郑照、杨德初等赴越南河内，与孙中山筹商善后诸事。

"时国父方居越南河内经营粤、桂、滇三省军事，乃电香港中国日报冯自由延接照及德彰、杨德初三人至河内筹商善后诸事，适冯与法国邮船于爱号买办同志黎量馀有输运军械至海防接济钦廉革命军之关系，遂于是岁八月一日，由量馀照料登轮，相偕至河内。"（《老兴中会员郑照事略》，《革命逸史》第 6 集，第 7 页）

△ 革命同志尊称孙眉为"眉公"。

"居檀香山时，中外人士皆称之曰阿眉，鲜有知其名德彰者。眉公二字，则于丁未年（1907）自檀香山归国后，同志以其年高德劭，始尊称之。"（《孙眉公事略》，《革命逸史》第 2 集，第 1 页）

12 月 1 日（十月廿六日） 黄明堂在广西镇南关发动起义。

1908 年 （清光绪三十四年 戊申） 五十四岁

一月，返九龙牛池湾定居，租种陈少白所有之荒地经营农业。

"（孙眉）赴越南河内与总理筹商善后办法。时总理方经营钦廉及镇南关军事，需款孔殷，故不能为乃兄之助。德彰遂决意将夏威夷数十年经营之事业全部收束，且迎旅檀眷属移香港九龙城，税屋以居，杨太夫人及总理卢夫人等与焉。时陈少白已以数年协助富商陈赓如、杨西岩等反对粤汉铁路官办之故，获得酬劳费九千元。即用此款购置

---

① 居正（1876～1951），字觉生，别号梅川居士，湖北广济县人。1905 年秋加入同盟会。1908 年于缅甸创办《光华日报》并担任总主笔，高唱革命排满，抨击保皇立宪，积极发展同盟会组织。1912 年，担任南京临时政府内务部次长代理职务。此后在二次革命、护国运动、护法运动中均作出贡献。

② 何畏，字民岩，云南保山人，日本留学生，民国后曾任国会议员。（《居正文集》上册，第 201 页）

九龙牛池湾荒地十数亩，经营别墅，所剩余地甚广。及遇德彰乃欲售予余地之半为开辟农场之需，许其俟结束在檀余产之资汇到，然后偿付地价，德彰甚德之。遂与杨德初及其乡人等营建庐舍，及从事种植果菜饲养鸡豚等工作。虽土木缝纴纤介琐事，亦多躬自为之。盖其多才多艺，勤俭耐劳，自初涖檀时已然耳。未几德彰得檀友讯，知余产所得仅足清付讼费，大为失望。少白闻之，仍重申前约。德彰呵之曰：'君办理中国日报时，吾得舍弟信曾汇款助君多次，今君乃忍以戋戋之数相逼耶？'言时声色俱厉，少白气为之慑。退而语陈景华、冯自由曰：'弟是华盛顿，兄是拿破仑；华盛顿，可容易商量，拿破仑则真无法应付耳。'由是双方感情日劣，经冯自由周旋其间，事乃寝息。"（《孙眉公事略》，《革命逸史》第 2 集，第 7~8 页）

　　3 月 27 日（二月廿五日）　黄兴发动二次钦州革命。

　　4 月 29 日（三月廿九日）　黄明堂在云南河口发动起义。

　　五月，与田桐、邓子瑜等破坏保皇派在新加坡振武善社的宣传活动。

　　"振武善社为劝导戒烟之团体，会员不分党派，一慈善性质之公共机关也。戊申夏五月保皇会员徐勤、伍宪子等假座该社开设星洲政闻分社成立会。革命党员知之，遂有孙眉、田桐、邓子瑜等数十人先到会场，谋破坏其事。开会时，徐勤首先报告清廷预备立宪，及该社设立理由。发言未毕，孙、田、邓等即大声喝打，一涌而登讲坛，向徐勤乱殴。徐略受伤，狼狈逃下。会场遂一哄而散。经此役后，保皇会遂不敢再有公然开会情事。"（冯自由：《中国革命运动二十六年组织史》第 170 页）

7月2日（六月初四日） 次孙孙乾① 出生。(《翠亨孙氏达成祖家谱》第 26 页)

8月31日（八月初五日） 檀香山《自由新报》创刊，卢信任社长兼司理及主笔。(《华侨报纸·自由新报》《檀山华侨》第 1 集"檀山华侨"部分第 64 页)

11月14日（十月廿一日） 清帝光绪去世。翌日，西太后那拉氏亦去世。溥仪继位，由醇亲王载沣监国。次年改元宣统。

12月1日（十一月八日） 孙眉夫人谭氏把库拉牧场卖给了安东·塔瓦拉斯（Antone Tavares）②。这是谭氏在夏威夷的最后一次财产转让。

"出让人谭氏阿眉（即孙眉之妻），收受 A.F.Tavares 经付三千七百一十二元（金币）后，将下列各项物业权利让与 A.F.Tavares 及其继承人或其委托者。计在契据内所列，大小地段十四批：孙眉牧场上的个人财产，包括牧场的土地及房屋，另有牛只一百二十头、马十六匹、骡四头、猪二三一只及家禽，牧场、农场及厨房所有的工具和器具；牧场已登记之标志，但乳酪分离器及室内用之家私除外。见证人是郑金，F.W. 麦坚；孙阿眉、程就代，并作事实上律师；孙阿眉之

---

① 孙乾（1908~1999），字名良，号贵就，孙昌次子。1908 年 7 月 2 日出生在美国三藩市（旧金山）。因父母早亡，由孙中山抚养。曾先后就读于广州培正学校、上海沪江大学、日本士官学校、意大利陆军大学。曾任中央陆军大学工兵教官、十二集团军通讯兵团少将团长、陆军六十五军一八七师少将副师长。1946 年 11 月，任中山县县长。1949 年 8 月，赴香港开办格兰酒店。1965 年迁居台湾，经营建筑材料生意。后移居美国加利福尼亚州洛杉矶。1999 年 11 月 18 日（当地时间）在美国加利福尼亚州三藩市（旧金山）圣马条（Sanmateo）病逝，葬于三藩市（旧金山）圣马条百龄园。1937 年，孙乾与陈粹芬养女苏仲英（1914~1957）在意大利罗马结婚，生子必胜、必兴、必达、必成、必立，生女嘉穗（排行第五，2 岁病故）。1981 年 5 月在美国加利福尼亚州洛杉矶与李惠娱结婚。

② 安东·塔瓦拉斯的妻子名朱丽叶·阿根那（Julia Akana），朱丽叶是唐根的女儿。唐根是来自香山县的华侨移民，在茂宜岛经商。他同一个夏威夷妇女结婚，夏威夷人叫他 Akana Liili，意思是"小个子阿根"，唐根也是孙眉的朋友。(《孙中山在夏威夷：活动和追随者》，第 37 页)

妻谭氏签字是'×'。"（夏威夷公证登记局，1908，茂宜，311 卷，第
192 页，出让人索引，转引自《兴中会五杰》第 37 页）

△　某次自香港往新加坡途中，与居正同船。

居正回忆："余于戊申由香港走新加坡，与眉公同船，见其魁伟
豪爽，肃然起敬。公同行梁某能普通话，因此通问。公谓在檀香山茂
宜岛，如何开垦如何成就，对总理如何资助，如何促成，大有光武乃
兄之概。"（居正《梅川日记》，《居正文集》上册，第 119 页）

△　**是年至下年**，与孙中山、陈粹芬①等住在新加坡。

"民国前四至三年（1908～1909）总理和四姑住在新加坡的时候，
眉公亦来同住，大概七八个月光景。"（张永福《南洋与创立民国》，
上海中华书局 1933 年版）

1909 年　（清宣统元年　己酉）　五十五岁

10 月下旬（约九月上中旬）　孙中山发表声明，力举孙眉以资财
支持革命的事实。

是时，陶成章等人搞分裂活动，并刊布传单，散布流言，诽谤孙
中山先生假革命之名，图谋私利。为澄清事实，孙中山致函吴稚晖，
予以辩白。"且当日图广州之革命以资财资助者，固无几人也。所得
助者，香港一二人出资数千，檀香山人出资数千，合不过万余耳。而
数年之经营，数省之联络，及于羊城失事时所发现之实迹，已非万余
金所能办者，则人人皆知也。其余之财何自来乎？皆我兄及我所出
也。又庚子惠州起兵及他方经营接济，所费不下十余万元，所得助者

_____

①　陈粹芬（1874～1962），原名香菱，又名瑞芬，人称"四姑"。1890 年前
后经陈少白介绍认识孙中山。1895 年 10 月，广州起义失败后，她随同
孙中山流亡海外，与孙中山共同生活，照料孙中山的起居饮食，使孙中
山全心投入革命。她也经常接应革命同志，替他们洗衣、做饭，照顾大
家的生活，同时还为革命同志密运军火，传递消息，革命同志都称她为
"孙夫人"。民国成立后，陈粹芬与孙眉等孙氏族人住在澳门。1914 年陈
粹芬只身赴马来西亚定居槟城。1931 年，陈粹芬应孙科之请回香港定
居。孙中山的元配夫人卢慕贞与陈粹芬情同姐妹，孙氏族人视她为家庭
成员。1962 年病逝，葬香港荃湾华人坟场。1992 年 6 月 5 日，迁葬翠
亨村谭家山孙族坟场西北山顶。

只香港李君① 出二万余元，及一日本义侠出五千元，其余则我一人之筹获而来也。自此吾一人之财力以尽，而缓急皆赖家兄之接济，而妻子俯蓄亦家兄任之。是从事革命十余年以来，所费资财多我兄弟二人任之，所得同国人及日本人之助者前后统共不过四五万元耳。若谓我以十余年之时间，而借革命以攫取他人四五万元之资，则我前此以卖药行医每年所得亦不止万余元，此固港粤人人所共知共见也，而其他之事业投机取利者犹过于此也。若为图利记，我亦何乐于革命而致失我谋生之地位，去我固有之资财，折我兄已立之桓〈恒〉产耶？两年前家兄在檀已报穷破产，其原因皆以资助革命运动之用。浮钱已尽，则以桓〈恒〉产作按，借贷到期无偿，为债主拍卖其业，今迁居香港，寄人篱下，以耕种为活。而近以租价未完，又将为地主所逐。乃陶更诬以在九龙建洋楼，夫家兄本为地主实业家者，非我从事革命以耗折之，则建洋楼亦寻常事，陶等何得多言。此庚子以前，我从事革命事业关于一人得失之结果也。"②（《致吴稚晖函》，《孙中山全集》第1卷，第420、421页）

"我初到美国时，先伯的农庄本来经营得很好，但因每次革命都捐款很多，前后约有十几万美元，都被总理用掉了。"（陈鹤龄编辑：《孙哲生先生口述传记》，《孙哲生先生年谱》第458页）

11月30日（十月十八日） 孙中山致信孙昌，询问孙眉家属情况。（《孙中山全集》第1卷，第428页）

△ 冬，缝制起义旗帜支持广东新军反正。

"己酉年（1909）冬同盟会运动广州新军反正，将次成熟，决意在粤大举。时担任制造青天白日之革命旗帜者有二处，一在香港湾仔

---

① 李君：李纪堂。

② 孙眉长孙孙满于1980年9月25日下午在台北主妇之店对台湾学者庄政先生所言，孙眉前后慷助乃弟革命经费计约七十万美元，倾家荡产，在所不惜。（庄政：《孙中山家属与民国关系》，台湾正中书局，1989年6月版，第20页）《兴中会五杰》第34页转引孙科秘书侯中一所写的《孙眉公的生平事迹》的说法，称"前考试院秘书侯中一闻自孙家谈论，认为孙眉公为革命输财，总计当逾七十万美元。"

东海旁街七十六号四楼冯寓，李自平①、陈淑子②、卢桂屏③诸女士任之；一在牛池湾德彰农场，德彰及德初等任之。事为邻居陈少白所闻，虑因此引起当地警吏干涉，牵累地产所有主，乃再三向德彰警告制止。德彰大愤，遂将布料、缝车等件，尽移至冯宅合力缝制，数日内成三色旗百余幅，是即庚戌年（1910）倪映典率广州新军起义一役所用之旗帜也。经此役后，德彰在九龙一带，渐与秘密会党交结。（《孙眉公事略》，《革命逸史》第 2 集第 8 页。冯自由：《华侨革命开国史》，商务印书馆 1947 年版，第 20 页）

　　△　与家人在香港居住。

　　据罗延年④回忆："1910 年（宣统二年）前，孙总理之母杨太夫人，及总理之兄孙眉先生，系母子与侄女，即总理之两女及家人，同住九龙城东头村 24 号、名伶朱次伯之父之屋。此屋系一楼一底，杨太夫人居楼上，客厅也在楼上。时太夫人年逾八十，双眼失明。当时弟在九龙警署为通译，有暇时常到探望孙眉先生。太夫人闻弟到时，即叫人整咖啡弟饮。孙眉先生在九龙城宋王台左右，有一罾棚，每日到棚，拗鱼奉母。又常到弟差馆内宿舍闲谈。弟又与九龙城横街长春药店之东钟景南先生，往探孙眉先生。"（罗延年 1965 年 7 月 12 日致罗香林函，罗香林：《国父在香港之历史遗迹》，香港大学出版社 2002 年版，第 2 页）

1910 年（清宣统二年　庚戌）　五十六岁

　　2 月 11 日（正月初二日）　孙中山致函孙昌，告已抵旧金山，并去见孙眉夫人谭氏及孙昌的两个儿子，并称"我深信你父亲、祖母及香

---

① 李自平，冯自由夫人。
② 陈淑子，胡汉民夫人。
③ 卢桂屏，冯自由庶母。
④ 罗延年（1889～?），广东南海西樵罗村人，生于香港。曾任香港九龙城警署、海事署、教育司、警察总部等翻译官。据说罗延年任职九龙警署时，在海滨散步认识孙眉，结成知己。后由钟景南介绍，孙眉主盟，加入同盟会。1927 年退休后经商，任蓝沙宣洋行买办，又积极参加慈善事业，曾任东华三院总理等。（潘鸣翔：《革命老人罗延年》，台湾《广东文献季刊》第 13 卷第 1 期，1983 年）

　　孙眉夫人谭氏（后中）与独子孙昌（后左三）、儿媳王金顺（后左一）及孙儿孙满（前左一）、孙乾（前右一）等合影。

港全家，亦将以能见此二子为快"。(《孙中山全集》第 1 卷，第 435 页)

2 月 12 日（正月初三日） 广州新军发动起义，后事败，倪映典牺牲。

4 月 8 日（二月廿九日） 孙中山收到孙眉来电，获悉母亲病重。孙昌欲孙中山资助川资回国，孙中山致函孙昌，告祖母病笃需款，不能同时兼顾。

"我已开始设法筹款，供你及家属回国之用。不料今日接你父来电谓祖母病笃，需我立即汇款若干，因之，我必须首先听从此急迫的要求，拟于明日汇去港币一千元。故对你之所需不得不稍延，因我不可能同时兼顾。"(《致孙昌函》，《孙中山全集》第 1 卷，第 454 页)

△ 在 4 月 8 日至 25 日间，曾致函孙中山，报告母亲病情，让孙中山催促孙昌夫妇立即返港。(《致孙昌函》及《致孙昌妻函》，《孙中山全集》第 1 卷，第 455～456 页)

4 月 25 日（三月十六日） 孙中山以杨太夫人病危，分别致函孙昌夫妇，促从速回港侍疾。并说将助孙眉在香港购置一大屋。

"……因祖母已病危，逝世前望能一见你等，你应赶紧成行，以免使你祖母、父亲及我失望为要。……你父在香港置有田产，生活颇为适意，不久我还将助他购置一舒适之大屋，使你家人得以团聚。待你到香港后，我将尽力助你在香港大学完成医科的学业。"(《致孙昌函》，《孙中山全集》第 1 卷，第 455 页)

4 月 26 日（三月十七日） 孙中山汇给孙昌 500 元，并致函催促孙昌马上偕母亲谭氏及妻子赶回香港。(《孙中山全集》第 1 卷，第 456 页)

△ **初夏**，到日本，住在东京小石川区原町的宫崎寅藏家。

"此时，孙德彰先生在夏威夷的事业已失败，故与孙先生一起来日本，并住在我家里。……孙先生跟孙德彰先生在我家住了大约十天，这期间有些插话可述。其中最使我难忘的是，不知道为了什么事，孙德彰先生在大骂孙先生。孙先生被乃兄责骂，一言不发，一直默默地在恭听乃兄的话。个性很强的孙先生，也有这一面，这个事实使我非常地感动。……二三天后，孙先生和乃兄便往南洋动身。这时我们全家把孙先生昆仲送到新桥车站。"(宫崎槌子[①]：《我对于辛亥革

---

① 宫崎槌子（1872～1942），宫崎寅藏的夫人。

命的回忆》,《孙中山生平事业追忆录》第 768～769 页)

7月上旬（约五月底六月初） 孙中山在香港船上会见母亲杨太夫人。

邓慕韩记述："先生由美洲到日本,不能留,乃乘日轮船赴南洋,道经香港,欲上岸省其母,又为该地政府所不许;不得已嘱人迎其母至船,慰问备至,船将动轮乃别。"（邓慕韩:《总理轶事》,《孙中山生平事业追忆录》第 722 页)

7月19日（六月十三日） 母杨氏去世,享寿83岁。(《翠亨孙氏达成祖家谱》第 18 页)

丧事由罗延年料理,安葬在香港新界西贡飞鹅岭白花林,墓碑题"香邑孙门杨氏太君墓"。

"杨太夫人老病去世时,弟亦在场。他〈她〉在东头村 24 号,因年老〈患〉病去世,其尸体系用白绸,包裹全身,始入殓者。钟景南先生与弟,及同志等,向西贡坑口百花林村之乡人,以 24 两银购买百花林之山地一穴安葬。又由弟照例以五毫银币,向洁净局取一葬地凭纸。此纸于民国成立后,即交回孙眉先生。"（罗延年 1965 年 7 月 12 日致罗香林函,罗香林:《国父在香港之历史遗迹》第 3 页)

△ **同日**,孙中山自新加坡乘德邮船赴庇能①。(《致吴稚晖函》,《孙中山全集》第 1 卷第 470 页)

7月21日（六月十五日） 孙中山致函孙昌,表示"你父耐心等待你们,而你们不能迅即归家,憾甚"。(《孙中山全集》第 1 卷,第 471 页)

△**7月** 卢慕贞夫人因杨氏夫人去世,即偕陈粹芬及两女自香港往槟城,投奔孙中山先生,先居住在黄金庆之店四间店街德昌号。(《孙中山年谱长编》上册,第 509 页)槟城革命党人为孙中山及其家属税居四坎店花园侧 404 号居住,房租每月 20 元。孙中山及其家属的日常生活费由"槟城阅书报社"② 陈新政、黄金庆、吴世荣、邱

---

① 庇能（Penang）,亦称"槟城"、"榔城"或"槟榔屿",马来西亚一个华人占人口多数的城市。

② 槟城阅书报社（The Penang Philomathic Union）,1908 年底由吴世荣、黄金庆、陈新政等人创办,中多革命党人,后来成为孙中山在东南亚的革命运动机关之一。(张少宽:《槟城阅书报社尘痕录》,载《孙中山与庇能会议》第 171～173 页)

明昶、潘奕源、邱开端、柯清倬、陈述斋、谢逸桥、陆文辉等十一人负责，每月一百二三十元。（陈新政：《华侨革命史》（1921 年在槟城阅书报社演讲稿），载张少宽：《孙中山与庇能会议——策动广州三·二九之役》，南洋田野研究室 2004 年 5 月版，第 209 页）

9 月 26 日（八月廿三日）　香港政府致函美国领事馆通告孙眉被驱逐事。

Sir：In reply to your letter of the 23rd instant，I am directed to inform you that Sun Mei has been banished by His Excellency the officer Administering the Government in council because he is a member of a Chinese revolutionary society known as the KaK Ming Tang and is actually engaged in enlisting persons for a revolutionary movement in China．

I am．etc．

(sd) A.M.Thomson

colonial secretary

The Consul General for the United State of America

（据香港历史博物馆展出原函影印件）

9 月 28 日（八月廿五日）　因"运动劳工入党事，被港政府驱逐出境。"[1] 农场归还陈少白。（冯自由：《中国革命运动二十六年组织史》，第 195 页）

清政府驻檀香山总领事梁国英给内务部的密禀称："孙文胞兄孙微〈眉〉在九龙种植，接受外洋军械，供给土匪。"（《清政府镇压孙中山革命活动史料选》，《历史档案》1985 年第 1 期）

"宣统三年时[2]，内地前清政府，以革命党势大，买通侯享探长，设法于党人不利。忽一日，当弟在尖沙嘴水师警署当值，约下午三时后，由总警署一电话写字生急电弟云：我之好友孙眉先生，已被差人在九龙城过海码头上，带到警总署，其家人未知，约于今晚八时由广东轮解上广州。弟闻之下，即向水师警署值日沙展，话弟肚痛，告假离署。即往通知钟景南，他即往上环水坑口中国报〈社〉，通知党人，他们即往访美国领事，时美国领事已下班，他们即往其公馆。六点

---

① 冯自由《孙眉公事略》记孙眉被香港政府驱逐离境为 1911 年，误。

② 应为宣统二年（1910 年）。

Hong Kong.

No.531/08 Conf

Colonial Secretary's Office.
26th September, 1910

Sir,

In reply to your letter of the 23rd instant, I am
directed to inform you that Sun Mei has been banished by His
Excellency the Officer Administering the Government in Coun
cil because he is a member of a Chinese revolutionary society
known as the Kak Ming Tong and is actually engaged in en
listing persons for a revolutionary movement in China.

I am, etc.

(sd) A M Thomson
Colonial Secretary

The Consul General for the United States of America.

  1910年9月26日，香港政府致函美国领事馆通告孙眉被驱逐事。

钟，美国领事同他们往总警署，声明孙眉先生系美国籍，如香港不喜他，可令他自由离境，不得解他往不愿往之地。后过数星期，另造解文，解孙眉往澳门。时弟又调回总警署，其解文由弟读与孙眉先生知。其时孙眉先生只托弟料理及代拜扫杨太夫人之墓。弟照办多年。"（罗延年1965年7月12日致罗香林函，罗香林：《国父在香港之历史遗迹》第5页）

△　迁居广州湾，易名黄镇东，继续进行革命活动。

孙眉"自与杨德初赴广州湾，易名黄镇东，以广州湾三泰利号为通信处。尝致函加拿大温高华①埠大汉日报冯自由求助，冯以小款济之，德彰居广州湾时仍宣传革命，大招党人，高雷土人入会者，踵趾相接"。（《孙眉公事略》，《革命逸史》第2集，第8页）

"至此伯父（即孙眉）已完全放弃耕耘工作，亦将全部精神从事革命工作，南路革命军也都完全归他连〈联〉络。"（陈鹤龄编辑：《孙哲生先生口述传记》，《孙哲生先生年谱》第450页）

"国父之兄孙眉公，忠诚刚毅，与海珊②公志趣相投，遇有事就商，公恒审情度势，坦诚建议，眉公虚怀若谷，多予赞许采纳。"（黄恩伯：《梁公海珊传略》，载高雷旅港同乡会编印：《高雷文献专辑》，1985年10月，第317页）

10月2日（八月廿九日）　致函孙昌，讲述近况。

"字示男建谋知之：庚戌八月廿五日，父俾香港政府逐出境，因父在港招人入会。苔〈搭〉日本邮船今日到星架坡。你及孙儿现不能回来，即速打法〈发〉你母亲回来。父他日回广州湾办事。大举之期，嘱你母到港即回九龙东门外门牌廿四号之屋，乃系父之家。后苔〈搭〉船来广州湾。父在此地办事，改名刘汉生，不别俾人知我在广

---

①　温高华，即温哥华。
②　海珊，即梁海珊（1881~1941），广东茂名人，同盟会员。1911年参与发动高雷起义，响应武昌起义。1914年，在广州湾进行倒袁活动。1923年被任命为高雷南路军务委员。（黄恩伯：《梁公海珊传略》，《高雷文献专辑》第317页）

州湾。你叔母① 遐〈偕〉亚软〈瑗〉②、换〈婉〉③ 现往南洋庇能居住；桃④、西〈茜〉⑤ 两姑及你二叔婆⑥ 在九龙；你祖母六月十三日仙游，安葬妥当。见字即速打法〈发〉你母回来，不可有误也。 庚八月廿九日 星架坡 父字 船上书。"（据原信复印件，庄政：《孙中山家属与民国关系》，台湾正中书局 1989 年 6 月版，第 113 页）

11 月 13 日（十月十二日） 参与庇能会议，策划广州起义。

会议在马来西亚庇能孙中山寓所拿督克拉马特律四百号（NO.400，Dato Kramat，即柑仔园）举行，与会者有黄兴、赵声、胡汉民、孙眉及庇能党员黄金庆、吴世荣、熊玉珊、林世安；怡保代表李孝章；芙蓉代表邓泽如、坤甸李义侠等。会议上孙中山发言表示：现在时机既迫，吾人当为破釜沉舟之谋。会议决定筹款 10 万元，以新军为骨干，组织五百选锋，在广州起义。（《孙中山年谱长编》上册，第 517 页）

12 月 1 日（十月三十日） 孙中山致函香港钟华雄，告知孙眉已回内地，有事可与孙眉联系。

"家兄现已回近内地，如有事情，可以就近与他相商。俟有成效，然后合力并作，事乃有成也。寄信家兄，可交与九龙廿四号转寄，便能妥到。弟不〈日〉有远行，不暇照料香港之事。曾秀兄如运动有效，亦请与家兄通消息，联络一气，庶他日有事，可以呼应灵通也。"（《复钟华雄函》，《孙中山全集》第 1 卷，第 504 页）

12 月 6 日（十一月初五日） 孙中山离开庇能，赴欧洲。

1911 年 （清宣统三年 辛亥） 五十七岁

△ **年初** 在广州湾开设店铺，家事需人料理，欲谭氏回归内地。

4 月 27 日（三月廿九日） 黄兴率选锋攻打两广总督衙门。广州

---

① 当指孙中山元配夫人卢慕贞。
② 当指孙中山长女孙娫（又名孙瑗）。
③ 当指孙中山次女孙婉。
④ 当指孙中山堂姐孙妙桃（孙中山叔叔孙学成之女）。
⑤ 当指孙中山胞姐孙妙茜。
⑥ 当指孙眉二叔孙学成之妻程氏（即孙妙桃之母）。

字示男建谋知之　庚戌八月廿五日父偕

香港政府遞出境因父在陸招人入會

卷目本艮今日到鬘架坡你及孫兒

現不能回來即速打電你毋親回來父

他日由廣州灣辦事大舉之期候你到

陸即由九龍東門外門牌廿四号之屋

乃係父之家屋誉船來廣州灣父在此

地辦事改名列漢生不別傳人知我在廣

州灣你叔母信遞亞換現往此嘅居住桃西

兩姑及你二叔婆在九龍你祖母六月十三日

仙遊安葬要當見字即速打電你毋回來好

可有候也　庚八月廿九日星架城父字船上書

1910年10月2日（农历八月廿九日），孙眉致函孙昌，讲述近况。

起义爆发。后失败，牺牲志士后由潘达微收葬于黄花岗。故是次起义亦称"黄花岗起义"。

△ 三·二九起义后，授梁璧联① 委任状，使组织顺德民军，等候机会，东山再起。（郭耀昌：《辛亥革命后的梁璧联》，顺德政协文史委：《顺德文史》，第 3 期（1983，12），第 43 页）顺德大良民军首领罗景，曾在澳门某绸缎店当职，经孙眉介绍加入同盟会。（黄亮伯等：《辛亥顺德民军起义见闻汇述》，《广东辛亥革命史料》第 248 页）

7 月 18 日（六月廿三日） 孙中山复邓泽如等函，谈及在槟榔屿的家人生活费问题。

"弟家人住榔，家费向由榔城同志供给，每月百元。自弟离榔之后，两女读书，家人多病，医药之费常有不给，故前后两次向港部请拨公款，然此殊属非宜，实不得已也。自港款拨后，则无向榔城同志取费，盖每月由金庆君散向同志收集，亦殊非易事，常有过期收不齐者，此亦长贫难顾之实情也。虽曰为天下者不顾家，然弟于万里奔驰之中，每见家书一至，亦不能置之度外，常以此萦绕心神、纷乱志气，于进取前途殊多窒碍。敢请兄于榔城外之各埠，邀合着实同志十余二十人，每月每人任五元或十元，按月协助家费，以抒弟内顾之忧，而减榔城同志之担任。"（《复邓泽如等函》，《孙中山全集》第 1 卷，第 526 页）

8 月 1 日（闰六月初七日） 孙中山致函孙昌，征求让孙眉妻谭氏回内地的意见。

"前曾寄一信，问及你母亲愿回唐山否，未见回音，未知何意？因你父近日在法国租界地方居住，设有店铺，欲你母亲回去料理家务也。"（《致孙昌函》，《孙中山全集》第 1 卷，第 531 页）

8 月 19 日（闰六月廿五日） 孙中山致函孙眉夫人谭氏，表示"近接大哥来信，欲家嫂回唐山料理家务"，"未知家嫂愿回来否？如欲回去，叔当在大埠托妥人一同带回也。"（《孙中山全集》第 1 卷，第 535 页）

---

① 梁璧联，字曜屏，顺德八区高赞乡人，同盟会会员。在顺德组织振兴中社，组织发动群众，宣传革命。（郭耀昌：《辛亥革命后的梁璧联》，《顺德文史》第 3 辑第 43 页）

10 月 10 日（八月十九日）　武昌起义爆发。

11 月 2 日（九月十二日）　林君复、郑彼岸等人响应武昌起义发动香山起义。17 日，香山宣告光复。

12 月 29 日（十一月初十日）　孙中山当选为中华民国临时大总统。

同日，香港《华字日报》刊登孙中山致孙眉电。

电文："孙寿屏鉴：精卫尚谦让，当力催之来。约句日可归粤。文。"（《华字日报》1911 年 12 月 29 日）

　△　积极为孙中山革命活动筹款。（孙眉签押中华国军需票，翠亨孙中山故居纪念馆馆藏原件）

1912 年（民国元年　壬子）　五十八岁

1 月 1 日　中华民国成立。孙中山就任中华民国临时大总统。

1 月　替飞南第[①] 转交孙中山一封信。

飞南第托孙眉转交的这封信原文是英文，在信的开头他写道："孙医生：我昨天寄了一信祝贺您当选为中华民国大总统。现在乘您大哥孙眉离开此地的机会再写几句。从广州流传到这里的消息一天比一天糟。必须严加小心稳定广州的秩序，使列强没有任何干涉调停的借口。……"（飞南第致孙中山函，翠亨孙中山故居纪念馆藏原件）从信中可见，此时孙眉和飞南第有交往。

　△　年初，部分华侨及同盟会员倡议恢复旧兴中会，推举孙眉为首领。

"辛亥广州光复之后，胡汉民陈炯明迭任都督，一部同盟会员及华侨之不慊于胡陈者，乃有恢复旧兴中会之议，群拥德彰为首领，以与军政当局相抗衡。德彰忠厚性成，颇为所用。实则辛亥以前旧兴中会员之参预其事者，殆无一人，德彰特供其傀儡品而已。"（《孙眉公事略》,《革命逸史》第 2 集，第 8～9 页）

---

① 飞南第（Francisco H. Fernandes），葡萄牙人，1893 年在澳门创办《镜海丛报》，孙中山在澳门行医时的好友。

孙眉（孙寿屏）签押的中华国军需票

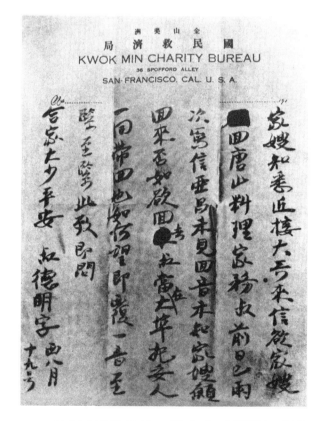

1911年8月19日，孙中山（德明）致孙眉妻信函。

朱少穆① "及民元南京政府成立，更与孙寿屏、苏焯南等发起恢复兴中会于广州，复随寿屏至南京谒孙大总统有所陈议"。（冯自由：《朱少穆事略》，载《革命逸史》初集，中华书局 1981 年 7 月版，第 182 页）

△　广东各界有人推举孙眉任都督。

民元南京政府成立，"陈炯明屡言辞都督职，粤省党人军人及各社团各自选举都督，电请孙大总统委任，中以举德彰者为最多。南京总统府收此项电文，前后凡百数十通"。（《孙眉公事略》，《革命逸史》第 2 集第 9 页）甚至"粤省民军以兵力要挟省议会令举孙眉为都督"。（《民立报》1912 年 2 月 24 日）

△　孙眉将接任广东都督的传闻四起。

2 月 5 日　"穗港两地的华商已分别致电总统孙逸仙，提议选举孙眉（总统的哥哥）为广东都督。"（广东省档案馆编译：《孙中山与广东——广东省档案馆库藏海关档案选译》，广东人民出版社 1996 年 10 月版，第 22 页）

2 月 12 日　"司徒先生私下告诉我，都督陈炯明今早定会离开广州，总统的哥哥孙眉将取代他。"（《孙中山与广东——广东省档案馆库藏海关档案选译》第 24 页）

2 月 21 日　"都督陈炯明仍执意离开广州。今天广州各社团在江边的怡园召开大会，讨论派代表会晤孙眉，请他立即来穗代替陈都督之职。"（《孙中山与广东——广东省档案馆库藏海关档案选译》第 24 页）

2 月 12 日　清宣统皇帝溥仪宣布退位。

2 月 21 日　孙中山致电广东各团体报馆，反对孙眉任都督。

"连接各界议举家兄为粤督之电，文未作答，非避嫌也。家兄质直过人，而素不娴于政治，一登舞台，人易欺以其方。粤督任重，才浅肆应，决非所宜。若为事择人，则安置民军、办理实业，家兄当能为之。与其强以所难，将来不免覆𫗴，何如慎之于始。知兄者莫若

①　朱少穆（1885~1936），广东南海县九江人，越南华侨，后赴日本留学，1903 年结识孙中山，1905 年加入中国同盟会。为革命变卖家中藏画及向侨商募集经费。民国成立后，讨袁（世凯）、驱龙（济光）、讨莫（荣新）、讨陈（炯明）诸役，均曾奔走其间，为国尽力。（冯自由：《朱少穆事略》，《革命逸史》初集，第 181~185 页）

弟，文爱吾粤，即以爱兄也。"（《复广东各团体并各报馆电》，中国社会科学院历史研究所等编：《孙中山全集》第 2 卷，中华书局 1982 年 7 月版，第 113 页）

同日，孙中山致函孙眉，劝说长兄勿任广东都督。

"孙寿屏大哥鉴：粤中有人议举兄为都督，弟以为政治非兄所熟习。兄质直过人，一入政界，将有相欺以其方者。未登舞台，则众人属望，稍有失策，怨亦随生。为大局计，兄宜专就所长，专任一事，如安置民军、办理实业之类，而不必当此大任。且闻有欲用强力胁迫他人以举兄者，以此造因，必无良果，尤不可不避也。弟文叩。"（《致孙眉电》，《孙中山全集》第 2 卷，第 114 页）

2 月 22 日　"孙逸仙反对他的哥哥孙眉为广东都督，他再次电令陈炯明继续担任都督。"（《孙中山与广东——广东省档案馆库藏海关档案选译》第 25 页）

2 月 24 日　"总统孙逸仙昨天致电广州说，一旦袁世凯抵宁就任总统后，汪精卫将南下广州就任粤督。都督陈炯明在就任者来穗前必须留任。任何团体均不得推选其他人担任粤督。"（《孙中山与广东——广东省档案馆库藏海关档案选译》第 25 页）

电文："广东都督、省会、年〈军〉团协会、各界团体公鉴：现委任汪精卫督粤，俟袁世凯来宁，精卫即返。其未到任以前，由陈督代理，不可更辞。各界不可再举他人。切切。总统孙文。"（《致陈炯明及广东各界电》，《孙中山全集》第 2 卷，第 125 页）

孙中山致电陈席儒等："家兄之事，文期期以为不可，前已有电劝家兄及电省城各界矣。昨再电粤，许令精卫、汉民俱回，请省会毋庸另举他人。"（《孙中山全集》第 2 卷，第 131 页）

2 月 26 日　"总统孙逸仙电请哥哥孙眉立即离开广州。"（《孙中山与广东——广东省档案馆库藏海关档案选译》第 26 页）

△　**二三月间**，致函孙昌，命其会同家人回国。

"字示男建谋知之：前有电叫你回国，未知你看到否？今特字与你，收到时，即速与家人一起回国。到港即埋泰安栈，便知父住处。父今搭高丽船前往南京，与你叔商量国事，十天回粤。见字即回，不可有延。"（据原函影印件，《孙中山家属与民国关系》第 112 页）

△　赴南京与孙中山会面。

字示男建謀知一前有電呼儂回
國未知你有到吾今特字俾你收
到時即速爾家人一齊回國到港即
埋泰安搭便知父住處父全搭高麗
船前往南京俾叔商量國事十天回
粵見字即回不可有延

1911年二三月间，孙眉致函孙昌，命其同家人回国。

"未几，德彰自粤赴宁，拟向孙大总统面陈粤政得失，从者有失意军人黄土龙等数十人。及抵南京，乃痛言让位袁世凯之失策，并指摘粤省胡陈二督施政之误谬，对于胡汉民尤责难有加。孙大总统惟力劝其从此勿预政事，息影林泉，以娱暮景而已。"（《孙眉公事略》，《革命逸史》第 2 集，第 9 页）

胡汉民在自传中回忆："余离粤后，民军石锦泉等越跋扈，陈竞存（即陈炯明）使魏邦平执石杀之，王和顺、关仁甫、杨万夫等益自危，其党羽四出谋去陈。先生之兄孙眉为所动，则偕黄仕龙等至南京。余察其言，不啻为反动派游说，而先生亦前知王和顺等之为人，戒兄眉勿受其欺。已而民军推举孙眉之电报纷至，先生则自为电斥之，谓：'素知兄不能当此民军大任，毋误粤局。'眉泱泱而去。"（胡汉民：《胡汉民自传》，《党人三督传》，上海书店出版社 2000 年 1 月版，第 65～66 页）

3 月 10 日 袁世凯在北京就第二任临时大总统。

4 月 1 日 孙中山正式解除临时大总统职务。

4 月 18 日（三月初二日） 妹秋绮去世。（《翠亨孙氏达成祖家谱》第 18 页）

4 月 25 日 孙中山乘宝璧舰抵广州。

4 月底 为广东都督事往广州见孙中山。

"总理乃兄眉公入省，欲为都督，以在革命孕育时期，其功比任何人为大。……此时不说酬功，在陈、胡二人尴尬之间，应以我（眉公）为最适宜。总理婉劝之，眉公不欢而走。"（居正《梅川日记》，《居正文集》上册，第 119 页）

5 月 14 日 偕孙氏亲属赴香港九龙百花林祭扫母亲杨氏墓。一同扫墓的亲属有孙眉妻谭氏、卢慕贞、陈粹芬、孙昌妻王金顺、孙乾、孙满、孙娫等。（据照片，翠亨孙中山故居纪念馆馆藏）

5 月 20 日 孙中山在香港与《士蔑西报》记者谈话，表示拟在澳门建屋予孙眉居住。（《在香港与〈士蔑西报〉记者的谈话》，《孙中山全集》第 2 卷，第 367 页）

5 月 22 日 孙中山自香港抵澳门。调停孙眉、王和顺、关仁甫等

孙大总统府赴九龙百花林省墓同志拍照纪念中华元年五月拾肆號

　　1912年5月14日，孙眉偕孙氏亲友赴香港九龙飞鹅山百花林祭扫母亲杨太夫人墓时合影。后排中间穿西服者为孙眉，孙眉左侧着浅色上衣者为孙科，孙眉前两小孩为孙满、孙乾，前排左三陈粹芬、左四卢慕贞、左五孙眉夫人谭氏、左六王金顺（孙昌夫人）、左七孙婑。

人之意见①。(《民立报》1912 年 5 月 23 日)

5 月 27 日　孙中山回乡与孙眉、卢慕贞等家人团聚。

5 月 28 日　与孙中山夫妇等到南朗镇左步村② 孙氏宗祠,与孙氏宗亲聚会,并合影留念。(据合影照片,翠亨孙中山故居纪念馆藏原件)

△　与孙锦芳③ 商议建合族祠。

"翠亨孙姓与左步孙姓商议,认为两地孙姓都是来自东莞的太祖两兄弟,后来乐千居左步开支,乐南居涌口,后又迁居翠亨。他们商量筹建一间合宗祠。孙眉认为要建于翠亨村,孙锦芳认为左步人多族大,建于左步合适。两人各为首领,商议时毫不相让,无妥协余地,此议作罢。"(李伯新:《孙中山文物与史料的征集》,《孙中山史迹忆访录》第 9 页)

6 月 8 日　陈炯明解散民军之后,部分民军首领逃亡澳门,组织"扶正同盟会"④,又试图拥立孙眉,以对抗都督府。(温雄飞:《我的回忆》,《近代史资料》1983 年第 1 号,第 97~99 页)孙中山发布《通告粤中父老昆弟书》明确表示反对"扶正同盟会"之活动。

"乃风闻有不逞无赖之徒,妄借扶正同盟会为名,及推举某某人为首领,散布谣言,谓将起第二次革命。"劝告粤中父老兄弟"勿轻信此等乱言"。(《民生日报》1912 年 6 月 8 日)

△　在《民生日报》上连载启事,宣称与"扶正同盟会"无关。

"民国成立,革命事业已告成功。鄙人正拟约集海内外同志,提

---

① 孙中山"调停"之结果未有资料证实。

② 左步头村,原名左埗头,位于中山市南朗镇中心东偏北 3 公里处。明朝成化(1465~1487)前后,孙乐千自涌口村分居于此,辟中堡,后阮姓迁入辟东堡,欧姓迁入辟西堡,之后又迁入部分小姓。左步孙姓系翠亨孙姓宗亲。1896 年清朝档案记载孙中山改称"早埔头"("左埗头"的谐音)。1993 年左步孙氏修建新祠堂,于祠堂前建"孙文谒祖门"。

③ 孙锦芳,中山南朗镇左步村人。年轻时到河北唐山谋生,任机械技师,后带领左步村三四百人到唐山谋生,颇有威望。翠亨孙氏与左步孙氏的合族祠最终没建成,后孙锦芳自己出资了一座"绣廷孙公祠",现仍保存完好。(2003 年 5 月 20 日黄健敏访问 91 岁老人孙桂庭记录)

④ 王和顺等于所部民军解散后,曾组织"扶正同盟会",反对广东军政府。当日曾有孙眉任该会首领的消息。

　　1912年5月底，孙眉、孙中山在翠亨孙中山故居前与亲属合影。前排左起：孙中山次女孙婉、秘书宋霭龄、卢慕贞、孙中山、孙眉、孙眉夫人，右一为孙中山长女孙娗。

　　1912年5月底，孙中山与孙眉等到左埗村（今中山市南朗镇左步村）拜会宗亲。图为孙眉在左埗村与孙氏宗亲合影，前排中为孙眉。

　　1912年5月底，孙中山与孙眉等到左埗村（今中山市南朗镇左步村）拜会宗亲。图为孙眉夫人在左埗村与孙族女界老幼合影于孙族祖祠，前排坐者：左三卢慕贞、左四谭氏、左五孙娫。

倡实业，以裕民生。乃近有不肖之徒，私立'扶正同盟会'，冒用鄙人名字，煽惑愚民，妄希第二次革命。似此不法行为，鄙人并未与闻，亦断不敢承认。鄙人爱护民国，唯恐不及，此种扰乱治安之举，稍有识者不为。鄙人唯有禀请政府严行查办，以为冒名作乱者戒而已。特此告白，孙寿屏启。"（《民生日报》1912年6月8日；又见《同盟会广东支部通告》，台湾中国国民党中央文化传播委员会党史馆藏件－335/24）

7月22日　侄孙科与陈淑英在檀香山火奴鲁鲁结婚。（陈鹤龄编辑：《孙哲生先生口述传记》，《孙哲生先生年谱》第450页）

11月14日　二姊程氏逝世，享年77岁。（《翠亨孙氏达成祖家谱》第19页）

11月20日　在《香山纯报》刊登启事。

"启者，香山恭都鸡拍义和蚝塘前被强邻藉势抢掠，蚝块一空，以至歇业两载，论者惜之。今本公司从事实业，集赀承顶，限以一个月内交易，如有与义和塘交涉者，请到澳门孙府处妥商。并望就近乡邻人士，须知共和时代，维持实业，保护商场，政府之责。此后不得再出野蛮手段，仍前抢掠。倘敢故为逞强，惟有以海盗相待，执法拿解，以警将来。此布

民国元年十一月二十号

香山合胜公司孙寿屏等启"

（《香山纯报》，1912年11月29日，第12页）

△　家居澳门，不时回香山翠亨居住。

孙眉在澳门期间"对子孙要求很严，在家里走动时，大声惊动他，而他不高兴时非打即骂。他养着一批跟随过他的党员，每到开饭时，准备一口铁钟，把铁钟敲响，这些党员就走来吃饭，所以家里有一个大米仓储存米粮。而这些党员大都吸食鸦片烟，满屋烟味。"（李伯新：《孙中山侄孙孙乾先生访问记》，中山市孙中山研究会编：《中山市孙中山研究会讯》第42期，1999年7月9日）

孙眉居乡期间，得到附近村民的信赖，凡发生口角相争，或因分财产不均的争执，都上门请求孙眉帮助排解。孙眉处事很简单，"如有二人相争，一理亏者告到孙眉处，作原告，定下来，纵使情况如何，也是偏帮先告者。"（李伯新1965年10月7日采访杨珍记录，

　　1912年冬，孙眉夫妇、孙昌夫妇与陈粹芬等合影。坐者右二陈粹芬、右三孙眉、右四孙眉夫人谭氏、右五王金顺，后排右三孙昌，前排两小孩为孙满（左）、孙乾（右）。

《孙中山史迹忆访录》第 101 页）

1913 年　（民国二年　癸丑）　五十九岁

3 月 20 日　宋教仁被袁世凯派遣之杀手在上海刺杀。

6 月 16 日　香港《华字日报》报道孙中山与家属乘瑞泰轮船到澳门，住在澳门龙嵩街孙眉家中。停留时间约一周。孙科也赶到澳门与家人团聚。（陈树荣：《孙中山与澳门初探》，广东省孙中山研究会编：《"孙中山与亚洲"国际学术讨论会论文集》，中山大学出版社 1994 年 10 月版，第 1129 页）

6 月 23 日　《民生日报》报道孙中山返澳探望病重的女儿孙娫的消息："孙先生此次返澳，系因其女公子患病濒危，由美洲回家，闻病必不起，一日数电，请先生一来抚视。故先生偕同行者三数人，由沪乘英国邮船抵港，即径赴澳门，与其女公子相见。先生素精医学，一见即知其病必不能治，为之惨然。"（《民生日报》1913 年 6 月 23 日）

6 月 26 日　孙中山长女孙娫在澳门病逝。（《翠亨孙氏达成祖家谱》第 22 页）

7 月 12 日　李烈钧在湖口起兵讨伐袁世凯，"二次革命"爆发。

△　**是年**，与邓慕韩、邓泽如、潘达微、陆秋露、邓子瑜、何克夫、陆文辉等发起成立革命纪念会。（《革命纪念会组织原案章程》，中国国民党中央文化传播委员会党史馆藏（384/30）；《给杨庶堪的训令》，《孙中山全集》第 10 卷，第 212 页）

△　与卢慕贞等寓居澳门，时时回翠亨居住。

△　"二次革命"失败后，邓慕韩[①]寓居孙眉家中。

邓慕韩回忆，"二次革命"失败后，"余避居澳门凤顺堂四号国父兄寿屏先生家中。暇则课国父之侄孙满、乾二人。"（邓慕韩：《追随国父之回忆》，《孙中山生平事业追忆录》第 558 页）

△　**是年至下年间**，主持兴建翠亨家中的厨房、浴室、厕所等。

"现在厨房不是孙中山亲手建的，而是他 1912 年回家后一二年

---

①　邓慕韩（1881～1953），广东三水人。1905 年后追随孙中山先生革命。1930 年后任国民党中央党史史料编纂委员会委员兼广州办事处主任，致力于国民革命史料的收集。

间，即民国二三年间由孙寿屏经手兴建的。当时建造厨房时，浴室、厕所同时建造。"（李伯新 1962 年 3 月 31 日采访陆天祥记录，《孙中山史迹忆访录》第 67 页）孙眉并购回浴缸及一批自来水管及配件。（《孙满回故乡》，《孙中山的家世——资料与研究》第 93 页）厨房的地是"翠亨陆姓辉禾公祖尝地，是相连一块的，不肯割散卖。整块地要价毫银 400 元，而孙中山没有这么多钱，经协议，写下欠单买下来。这张欠单，几十年后由卢慕贞夫人还回 500 元港币才解决了事。"（《孙中山史迹忆访录》第 26 页）

1914 年　（民国三年　甲寅）　六十岁

7 月 8 日　中华革命党在日本东京成立，孙中山被选为总理。

△　协助孙中山为反袁筹款。

"接慕韩函，谓有人冒名筹款，幸勿被欺。公等有款，请汇澳门孙眉收乃安。孙文。叩。"[①]（《□□宛电报稿》，载久保田文次编：《萱野长知·孙文关系史料集》，［日］高知市图书馆，2001 年 3 月版）

7 月 12 日　孙中山在日本东京向澳门风顺堂四号孙眉发一挂号邮件。（俞辛焞、王振锁编译：《孙中山在日活动秘录（1913.8～1916.4）——日本外务省档案》，南开大学出版社 1990 年 12 月版第 170 页）

9 月 26 日　孙中山在日本东京向澳门风顺堂四号孙眉发一挂号邮件。（《孙中山在日活动秘录》第 235 页）

11 月 30 日　孙中山在日本东京向澳门风顺堂四号孙眉发一挂号邮件。（《孙中山在日活动秘录》第 284 页）

12 月 23 日　于澳门致电孙中山。

电文："除非亲自电告，银行拒绝付款给永安[②]公司。请复。孙眉。"（黄比新辑译：《日本外务省档案中有关孙中山的一批未刊电文》，广东省孙中山研究会主编：《孙中山研究》第 2 辑，广东人民出版社 1989 年 10 月版，第 366 页）

12 月 24 日　孙中山于东京致电香港横滨硬币银行，将孙眉款付给永安公司。

---

① 原书所载电文注明"年月日不明"，根据电文内容，姑系于本年内。
② 原函为英文，"永安"是原译者据 Wingon 音译。

电文："将孙眉款付给永安公司。孙逸仙。"（黄比新辑译：《日本外务省档案中有关孙中山的一批未刊电文》，《孙中山研究》第 2 辑，第 366 页）

12 月 25 日　孙中山在东京致电在澳门的孙眉。

电文："已通知银行，孙逸仙。"（黄比新辑译：《日本外务省档案中有关孙中山的一批未刊电文》，《孙中山研究》第 2 辑，第 366 页）

　△　与郑仲发生财务纠葛。

孙中山致函卢慕贞，谈及孙眉与郑仲的财务纠葛："兹付回港银三千元，由单汇托孙智兴兄收交。收到之日，即交四百元与谭氏家嫂收入；交二百元与郑仲兄收入，作为我送他可也，因他有信来提及大哥与彼钱财交葛之事，我无代大哥还债之义务，但有缓急，为朋友者当有通济之义，我力所能为自可相帮，但着他切勿再提大哥与彼来往账目也，因我一概不知，亦不应与闻也。除交以上两□，尚存二千四百元，即作为今年家用，并周济贫困亲戚等用就是。若事情妥当，我今年冬天或可回乡也。"（秦孝仪主编：《国父全集》第 4 册，近代中国出版社 1989 年 11 月版，第 342 页）

　△　黄禅侠① 寄寓澳门孙眉家中。

黄禅侠回忆："余从事二次革命，方构难逃香港，主持《真报》、《时报》，宣传革命，反对帝制。后受港方横加干涉，而报相继遭查封。余亦两次被捕，后又逃澳门，寄寓于孙眉公（孙中山先生长兄）家。"（黄禅侠：《先姚谭孺人事略》，顺德政协文史委编：《顺德文史》第 24 辑，1991 年 10 月编印，第 28 页）

1915 年　（民国四年　乙卯）　六十一岁

2 月 11 日（甲寅年十二月廿八日）　申时，在澳门病逝，享寿 61 岁。因当时"国是未定，饰终之礼犹缺"，暂葬于澳门旧西洋坟场。

"孙眉晚年体格更肥大、脚肿，行动不便。据说在九龙经营农场时，常使用山坑水，而坑水有毒，他受感染，长期不愈，且越来越严重。1915 年 2 月 11 日，孙乾跟着孙眉，孙眉说要大便，在房中坐上

---

①　黄禅侠（1886～1944），字间儒，号蜕庐，广东顺德陈村人，越南华侨，云南河口之役领导人之一。

孙眉晚年和朋友合影于船上。坐者为孙眉。

孙眉晚年和朋友合影于澳门。前排左四为孙眉。

孙眉晚年和朋友合影于澳门。坐者左二为孙眉。

马桶，不久把头低下，就这样去世了。"（李伯新《孙中山侄孙孙乾先生访问记》，《中山市孙中山研究会讯》第 42 期）

　　△　孙昌致电孙中山，告知父亲去世。

　　电文："父殁。汇款。振兴。"①（黄比新辑译：《日本外务省档案中有关孙中山的一批未刊电文》《孙中山研究》第 2 辑，第 367 页）

　　2 月 12 日　孙中山致电美国三藩市《少年中国》报，告知孙科伯父孙眉的死讯。

　　电文："4 000 元收到，告知孙科：伯父于澳门去世。"（黄比新辑译：《日本外务省档案中有关孙中山的一批未刊电文》，《孙中山研究》第 2 辑，第 367 页）

1934 年（民国廿三年）孙眉墓自澳门迁葬翠亨。

　　孙眉墓位于翠亨犁头尖西南半山腰，面南微东，正对金星门，墓碑刻："显十八世祖考寿屏孙公之墓"，上款"亥山巳向室宿十七度丁亥分金　江西兴国杨柳桥受男其邦订"，下款"民国二十三年三月清明日孙满、乾敬立"，碑额刻日光流云，以富、贵、寿三字衬托。墓碑左右刻对联："马鬣崇封思祖德，虎头毓秀表元勋"。

　　中国国民党中央执行委员会在墓西立有一块约高 2.5 米、宽 1.2 米的花岗岩墓表②。墓表碑文由汪精卫书写。

孙德彰先生墓表

　　总理生平所严事有贤兄曰德彰先生，其艰贞坚卓之力，远大深湛之思，所以振兴于其家，而激发总理之志，遂大有造于党国者，皆国史家牒所宜特书。初先生家居时，先德道川公以其倜傥不羁，欲遣之远游而砻错之，使有所成。适杨太君有弟商于檀香山者，遂挈以行，是时荒岛初开，筚路待启，先生一志专勤，忘其劳苦，春耕秋穮，月

---

①　原电文为英文，署名"Chanhing"，原书译作"陈欣"。实应译作"振兴"，"振兴"即孙昌，由内容看应是孙昌发给孙中山的电报。

②　孙眉墓及墓表位于今中山市南朗镇翠亨中山纪念中学寿屏山，仍保存完好，2000 年 11 月被列为中山市文物保护单位。

迈岁征，居积稍裕，复乘时而有茂宜岛之经营，农垦畜牧，分道并张，汗雨锄云，成于一手，遂有岛王之称，乡里诵说以为英杰。未几，以道川公命归娶，乃于故里复有移民事务所之设，一时应者风驰景从，更租轮舶以资还往。于是群岛皆辟，政府改容，路人异目，孙氏事业寝光大矣。时总理尚幼，随侍太君往觇宏图，先生则使肄业意奥兰尼学校，在校数年，美传教师深加契异，训导尤殷，其言动遂往往以基督教为祈乡，先生则甚非之。总理乃归，复赴香港入拔萃书院，转皇仁书院肄业，并受洗礼。先生即再召赴檀，督过尤厉，盖期望之意深，则责望之心切，要皆天性所流露也。故终以巨金勖成总理之学，复入皇仁书院，是时总理年二十矣。忧外患之日深，念汉族之积弱，重感于中法战争之役，乃具倾覆清廷之志，而思以医术为托足之始，阴以结纳天下奇士。先后入广州博济医院、香港雅丽医院，学成而识益广志益坚。甲午后赴檀，因先生之势，遂创立兴中会，于是革命大业之基础以成，而实际之进展亦由此始。自是厥后，每有大举或值总理危难，先生皆有所匡助。纪元前数年，毕生所艰苦经营而仅有者遂荡焉，而尽丧之初，无几微之悔，毫发之惜，乃奉太君归国，躬耕于香港对岸之九龙，于军国事犹多所策画，既见忌于英政府，乃潜至广州湾，联络粤省南路之义军。民国成立乃退居澳门，大义既伸，先生之心力亦尽矣，始劳其身以成其业，终举其所业而皆效于国，淡然若无与于已，岂非丈夫之明志也哉！先生讳眉，德彰其字也，晚年号寿屏，人多称之曰眉公。民国三年冬，以疾卒于澳门，旅次春秋六十有二。夫人谭氏今尚健在。子一昌，沉毅有父风，六年殉难于黄埔。孙二满、乾。先生之殁，总理悲哀几不自胜，国是未定，饰终之礼犹缺。廿三年春，中国国民党中央执行委员会特决议，以国币万元葬先生于总理故乡纪念学校之旁，复伐石刻辞，树于幽宫。先生生平事迹足称者多，兹不复著，著其有导助于总理而重开于党国者，以式乡邦而崇国典。

中华民国二十四年四月
中国国民党中央执行委员会敬立
汪兆铭敬书

1915年2月11日，孙眉病逝于澳门。1934年，迁葬于家乡翠亨犁头尖山麓。图为翠亨村犁头尖山麓的孙眉墓。

中国国民党中央执行委员会为表彰孙眉对孙中山革命事业的贡献，拨款厚葬，并立墓表。图为孙眉墓表。

附录 1　孙昌墓碑①

从兄昌墓碑

　　兄讳昌，字建谋，号振兴，先伯父德彰公之嫡嗣也。生于檀香山，幼时任侠尚义，不屑屑于章句之学，弱冠负笈留日本，旋复游美工读。民元归国，随先君自二次革命以至护法之役，多所赞助。兄于名利淡然，惟赴义则唯恐或后，先君甚倚重之。民六，先君率海军南下，开府粤垣。任大元帅府上校军职，参预机要。时卫士队某营驻黄埔守御，黄埔海军云集，为戒严区域。兄奉命至营犒军，先期未及通知，舟抵黄埔，海军疑为奸细，炮沮之，兄仓卒跳入舟旁小艇，因身怀镶弹，艇侧身重，遂堕入海，没泥淖中，卒以不起，年只三十有七。夫人王氏早亡，遗二子，一名满，今为全国经济委员会专员；一名乾，今在参谋本部服务。乌乎！先兄素怀大志，方在盛年，遽遭此变，至今思之，犹有余痛，窀穸既营，忠魂永妥，用书其崖略，以禾后之人，并以塞语悲焉。

中华民国廿四年四月　孙科书

---

　　① 孙眉独子孙昌1917年参加护法运动，任海陆军大元帅府别动队司令，职叙陆军中校。同年11月20日，奉孙中山命乘船押送军饷赴广州黄埔，因未与海军联系，误入海圻舰警戒线，遭海军炮击，溺水殉职。孙中山闻耗极为悲痛，命葬于黄埔公园，亲题"为国捐躯"四字，刻石于墓前。1933年4月迁葬于翠亨村北犁头尖山麓。1935年孙科撰书《从兄昌墓碑》记述孙昌生平，立于墓前。2000年11月，孙昌墓被列为中山市文物保护单位。

　　1917年11月20日，孙昌在广州因公殉职，葬于黄埔公园。1933年4月迁葬于翠亨村北犁头尖山麓。图为孙昌墓。

孙中山为孙昌题写的"为国捐躯"石匾

孙科为孙昌撰书的墓表

附录 2　孙眉家族世系表

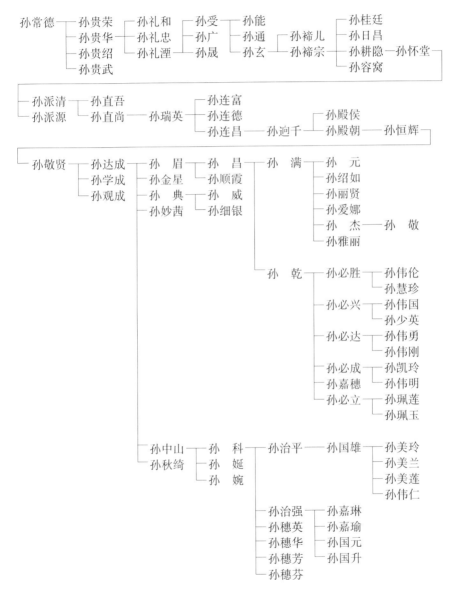

注：五世孙玄，号礼赞，墓碑作"礼瓒"。六世孙褆儿，号乐干，又写作"乐川"，六世褆宗，号乐南。十世孙直尚，又写作"植尚"。

征引文献举要

一、出版物

1．Chung Kun Ai（钟工宇）：*My seventy nine years in Hawaii* （1879～1958），Hong Kong；Cosmorama Pictorial Publisher，1960。

2．Clarence E. Glick 著，吴燕和、王维兰译：《夏威夷的华裔移民》，台湾正中书局，1985 年版。

3．Luke Chan and Betty Tebbetts Taylor：*SUN YAT SEN － AS I KNEW HIM*（*Memoirs of Luke Chan*，*boyhood friends of Sun Yat Sen*）．打印稿，台北中国国民党党史会藏。（中文版）陆灿：《我所了解的孙逸仙》，傅伍仪译、季风校，中国和平出版社，1986 年 11 月版。

4．陈翰笙主编：《华工出国史料汇编》第 7 辑，中华书局，1984 年 3 月版。

5．陈少白：《兴中会革命史要》，载陈德芸、陈景农编：《陈少白先生哀思录》，1935 年编印。

6．陈锡祺主编：《孙中山年谱长编》（上、下），北京中华书局，1991 年 8 月版。

7．丁文江、赵丰田编：《梁启超年谱长编》，上海人民出版社，1983 年 8 月版。

8．冯自由：《革命逸史》初、2、4、6 集，北京中华书局，1981 年 7 月版。

9．冯自由：《华侨革命开国史》，商务印书馆，1947 年版。

10．冯自由：《中国革命运动二十六年组织史》，商务印书馆，1948 年 1 月版。

11．冯自由：《中华民国开国前革命史》（上编），良友印刷公司，1928 年版。

12．高雷旅港同乡会编印：《高雷文献专辑》，1985 年 10 月。

13．广东省档案馆编译：《孙中山与广东——广东省档案馆库藏海关档案选译》，广东人民出版社，1996 年 10 月版。

14. 广东省社会科学院历史研究室、中国社会科学院近代史研究所中华民国史研究室、中山大学历史系孙中山研究室合编:《孙中山全集》第 1、2、6、10 卷,北京中华书局,1981 年 8 月~1986 年 7 月出版。

15. 广东省孙中山研究会编:《"孙中山与亚洲"国际学术讨论会论文集》,中山大学出版社,1994 年 10 月版。

16. 广州博物馆、黄花岗起义指挥部旧址纪念馆编:《辛亥黄花岗起义》,上海古籍出版社,2006 年 3 月版。

17. 郭耀昌:《辛亥革命后的梁壁联》,顺德政协文史委:《顺德文史》第 3 辑,1983 年 12 月编印。

18. 李烈钧等著《党人三督传》,上海书店出版社,2000 年 1 月版。

19.《华字日报》1911 年。

20. 黄比新辑译:《日本外务省档案中有关孙中山的一批未刊电文》,广东省孙中山研究会主编:《孙中山研究》第二辑,广东人民出版社,1989 年 10 月版。

21. 黄禅侠:《先妣谭孺人事略》,顺德政协文史委编:《顺德文史》第 24 辑,1991 年 10 月编印。

22. 黄彦、李伯新:《孙中山的家庭出身和早期事迹》,载黄彦:《孙中山研究与史料编纂》,广东人民出版社,1996 年 10 月版。

23. 黄宇和:《中山先生与英国》,台北学生书局有限公司,2005 年版。

24. 简又文:《孙总理少年逸事》、郑照:《孙中山先生逸事》,载曹芥初等著《死虎余腥录》,上海书店出版社,2000 年 6 月版。

25. 久保田文次编:《萱野长知·孙文关系史料集》,[日]高知市图书馆,2001 年 3 月版。

26. 李伯新:《孙中山史迹忆访录》(《中山文史》第 38 辑),1996 年 10 月 25 日出版。

27. 林百克著,徐植仁译:《孙逸仙传记》,上海民智书局,1926 年版。

28. 林其忠等编:《檀香山中华会馆五十周年纪念特刊》,1934 年 12 月印行。

29. 罗福惠、萧怡编:《居正文集》(上、下),华东师范大学出版社,1989 年 10 月版。

30. 罗香林：《国父家世源流考》，商务印书馆，1942 年 12 月版。

31. 罗香林：《国父在香港之历史遗迹》，香港大学出版社，2002 年影印版。

32. 罗香林：《国父之大学时代》，重庆独立出版社，1945 年 8 月版。

33. 马兖生：《孙中山在夏威夷：活动和追随者》，台湾近代中国出版社，2000 年 8 月版。

34. 《民立报》1912 年。

35. 《民生日报》1912 年。

36. 潘鸣翔：《革命老人罗延年》，台湾《广东文献季刊》第 13 卷第 1 期，1983 年。

37. 秦孝仪主编：《国父全集》，台湾近代中国出版社 1989 年 11 月版。

38. 《清政府镇压孙中山革命活动史料选》，《历史档案》1985 年第 1 期。

39. 日本外务省档案，明治 34 年 4 月 9 日神奈川县报，秘甲第 109、193 号。

40. 尚明轩、王学庄、陈崧编：《孙中山生平事业追忆录》，人民出版社，1986 年 6 月版。

41. 宋谭秀红、林为栋编著：《兴中会五杰》（中英文合本），台湾侨联出版社，1989 年 9 月版。

42. 孙科：《八十述略》，孙哲生先生暨德配陈淑英夫人八秩双庆筹备委员会 1971 年印。

43. 孙满编：《翠亨孙氏达成祖家谱》，1998 年编印。

44. 孙满口述、祝秀侠笔记：《恭述国父家世源流》，台湾《广东文献》第 12 卷第 4 期。

45. 孙钊口述，杨悦生整理：《我父亲曾是孙中山卫士》，中共中山市委党史研究室编：《中山党史》，2003 年 2～3 期。

46. 孙中山故居纪念馆编：《孙中山的家世——资料与研究》，中国大百科全书出版社，2001 年 11 月版。

47. 田明曜主修，陈澧纂：《香山县志》，清光绪五年（1879）刊本。

48. 王斧：《总理故乡史料征集记》，《建国月刊》第 5 卷第 1 期，1931 年。

49. 王天恨：《孙中山先生全传》，中央图书局，1927 年 8 月版。

50. 王瑛琦等著《关于孙中山的传记与考证》，台湾文星书店，1965年11月版。

51.《吴节薇讲述孙中山先生在澳行医时情形》，载澳门《大众报》1956年11月13日。

52. 吴任华编纂、曾霁虹审阅：《孙哲生先生年谱》（含《孙哲生先生口述传记》），孙哲生先生学术基金会出版，台湾正中书局，1990年10月印行。

53. 吴润生主编：《澳门镜湖医院慈善会会史》，澳门镜湖医院慈善会，2001年10月出版。

54.《香山纯报》1912年11月29日。

55. 项定荣：《国父七访美檀考述》，台湾时报文化出版事业有限公司，1982年3月版。

56. 俞辛焞、王振锁编译：《孙中山在日活动秘录（1913.8～1916.4）——日本外务省档案》，南开大学出版社，1990年12月版。

57. 张建华：《孙中山的施洗牧师喜嘉理》，《近代史研究》1997年第1期。

58. 张少宽：《孙中山与庇能会议——策动广州三·二九之役》，〔马来西亚〕南洋田野研究室，2004年5月版。

59. 张永福：《南洋与创立民国》，上海中华书局1933年版。

60. 郑炳芳、郑照：《他与孙中山结拜金兰之交——回忆先父兴中会员郑仲》，载珠海市政协文史委编《珠海文史》第8辑，1989年12月。

61. 郑东梦等编：《檀山华侨》第1集，檀山华侨编印社，1929年9月印行。

62. 中国国民党中央党史史料编纂委员会编印：《总理年谱长编初稿》，1932年9月印本。

63. 中山市孙中山研究会编：《中山市孙中山山研究会会讯》。

64. 庄政：《孙德彰生平及其后裔事略》，《孙中山家属与民国关系》，台湾正中书局，1989年6月版。

65. 卓麟等编：《檀山华侨》第2集，檀山华侨编印社，1936年9月印行。

66. 《总理开始学医与革命运动五十周年纪念史略》，岭南大学刊印，
　　1935 年。

67. 中国人民政治协商会议广东委员会文史资料研究委员会编：《广东
　　辛亥革命史料》，广东人民出版社，1981 年 7 月版。

68. 温雄飞：《我的回忆》，《近代史资料》1983 年第 1 号。

二、文物

1. 《从兄昌墓碑》拓片，翠亨孙中山故居纪念馆藏。

2. 《列祖生没纪念部》，翠亨孙中山故居纪念馆馆藏。

3. 《卢耀显家系图》，珠海金鼎镇外沙村卢慕贞故居藏。

4. 《三修翠亨村祖庙碑记》，翠亨孙中山故居纪念馆馆藏。

5. 《四修翠亨祖庙碑记》，翠亨孙中山故居纪念馆馆藏。

6. 《孙达成兄弟批耕山荒合约（清同治二年)》，翠亨孙中山故居纪念
　　馆馆藏。

7. 《孙达成兄弟批耕山荒合约（清同治三年)》，翠亨孙中山故居纪念
　　馆馆藏。

8. 《孙国母卢氏会佐出殡礼秩序》，澳门白马行浸信会堂 1952 年 9 月
　　9 日。林国才先生提供。

9. 《孙眉墓表》拓片，翠亨孙中山故居纪念馆藏。

10. 《孙中山故居建筑工料单》，翠亨孙中山故居纪念馆馆藏。

11. 1912 年孙眉在左步孙氏宗祠合影，翠亨孙中山故居纪念馆藏。

12. 程道元等主修：南朗《程氏族谱》，1920 年代初编印，翠亨孙中
　　山故居纪念馆藏。

13. 程名桂曾孙程十里 1965 年 10 月 20 日致李伯新函，翠亨孙中山故
　　居纪念馆馆藏业务档案。

14. 翠亨《孙氏家谱》，翠亨孙中山故居纪念馆藏。

15. 翠亨村祖庙北极殿铁钟，翠亨孙中山故居纪念馆馆藏。

16. 《革命纪念会组织原案章程》，台湾中国国民党中央文化传播委员
　　会党史馆藏件（384/30)。

17. 飞南第致孙中山函，翠亨孙中山故居纪念馆藏。

18. 林国才：《有关我家族和孙中山家族的关系》（手稿)，林国才先生
　　提供。

19. 林介眉等编：翠亨《杨氏家谱》，1934 年印本。翠亨孙中山故居纪念馆藏。

20. 陆灿：《孙中山公事略》，翠亨孙中山故居纪念馆藏原件。

21. 陆仁协等修：《香山隔田河南郡陆氏族谱》，清同治元年（1862）抄本。陆国开先生提供。

22. 日本外务省档案，明治三十四年 4 月 9 日神奈川县报，秘甲第 109、193 号。

23. 孙眉签押中华国军需票，翠亨孙中山故居纪念馆馆藏。

24. 孙眉赠外甥杨庆聪照片，孙中山故居纪念馆藏。

25. 《孙总理家谱》，抄本，1932 年 5 月 20 日。

26. 孙社正编：《翠亨敦业堂茂成孙公家谱》，1971 年初修，2003 年重修。

27. 《同盟会广东支部通告》，台湾中国国民党中央文化传播委员会党史馆藏件（335∕24）。

28. 杨贺同盟会员证，翠亨孙中山故居纪念馆藏。

29. 杨连合：《孙中山先生的幼年生活》，广东省政协文史委员会藏稿。

30. 钟公任：《采访总理幼年事迹初次报告》，台湾中国国民党中央文化传播委员会党史馆藏件（030∕88）。

三、采访资料

1. 2002 年 5 月 15 日，黄健敏采访翠亨村民杨帝俊（72 岁）记录。

2. 2003 年 5 月 20 日，黄健敏访问孙桂庭老人（91 岁）记录。

3. 2004 年 4 月 27 日，黄健敏采访郑强外孙林国才、外孙女林瑞英记录。

4. 2005 年 3 月 14 日，黄健敏采访珠海北沙村村民卢华成（79 岁）记录。

5. 2005 年 5 月 24 日，编者采访程蔚南孙子程永在（72 岁）记录。

后　记

　　记得 2003 年春夏间，我陪孙眉先生曾孙孙必达先生往谭家山翠亨孙氏坟场祭扫，路上必达先生感慨地说：眉公一生对孙中山先生的革命事业帮助甚大，先伯父孙满甚至说过"没有孙眉就没有孙中山"，但是眉公的事迹现在却没有什么研究，其实很有必要编一本眉公的年谱，俾世人了解眉公对革命所作的贡献。言者无心，听者有意，此书编纂的最早因缘或系于此。

　　此后的两年多，为逃避那些自己想不明白也解决不了烦恼，就夜夜无故乱翻书，每见有趣的资料便随手摘录，其中就包括不少孙眉的史料。当忽然有一天，什么都想明白的时候，很多人和事却都已如昨日黄花，徒叹奈何了。闲时听曲，听任白唱到"未尽万千言，可奈相逢无一语，才华尚浅，何竟痛缘悭"时都不免心有所感。于我而言，这本小书亦承载着那段岁月里的许多记忆。

　　我想我一生中无论取得什么成绩，首先应该感谢的都是生我养我的父母亲，虽然对他们来说，这个年近而立之年的儿子赶快解决终身大事远比花精神去写几本书有意义得多。

　　本书搜集资料后期，曾到香港大学图书馆、香港历史博物馆、澳门国父纪念馆、广东省立中山图书馆孙中山文献馆、中山大学图书馆查阅资料，我供职的孙中山故居纪念馆提供馆藏珍贵文物资料，使本书内容有所充实。

　　这本小书最后能纂辑成书并得以出版，得到孙中山故居纪念馆萧润君馆长的大力支持和鼓励；初稿编成后，曾先后请中山大学历史系邱捷教授，原国家文物局中国文物研究所党委书记兼副所长、本馆高级顾问盛永华研究员审阅，并蒙指出若干谬误。在此对以上各位致以诚挚的谢意！

　　笔者见闻未广又受条件所限，本书的不足是显而易见的，权当抛砖引玉，望读者不吝赐教。

黄健敏

2006 年 9 月 20 日

封面设计：张希广

责任印制：陆　联

责任编辑：李　东

图书在版编目（CIP）数据

孙眉年谱／黄健敏编著．—北京：文物出版社，
2006.10
ISBN 7－5010－2008－6

Ⅰ．孙…　Ⅱ．黄…　Ⅲ．孙眉－年谱　Ⅳ．K827＝6

中国版本图书馆 CIP 数据核字（2006）第 117241 号

孙　眉　年　谱

黄健敏　编著

*

文 物 出 版 社 出 版 发 行

（北京市东直门内北小街 2 号楼）

http://www.wenwu.com

E-mail：web@wenwu.com

北京美通印刷有限公司印刷

新 华 书 店 经 销

787×1092　1／16　印张：8.5

2006 年 10 月第一版　　2006 年 10 月第一次印刷

ISBN 7－5010－2008－6／K·1068　定价：18.00 元